W0176293

Lothar Laux / Hannelore Weber

Emotionsbewältigung und Selbstdarstellung

Verlag W. Kohlhammer
Stuttgart Berlin Köln

Die Deutsche Bibliothek – CIP-Einheitsaufnahme

Laux, Lothar:
Emotionsbewältigung und Selbstdarstellung / Lothar Laux ;
Hannelore Weber. – Stuttgart ; Berlin ; Köln : Kohlhammer,
1993
   ISBN 3-17-010371-7
NE: Weber, Hannelore

Verlagsort: Stuttgart
Umschlag: Studio 23
Typoskript: E. Jemiller, L. Laux
Gesamtherstellung:
W. Kohlhammer Druckerei GmbH + Co. Stuttgart
Printed in Germany

INHALTSVERZEICHNIS

5.2.3   Selbstdarstellung für den externen Adressaten   134

5.3   Die Selbstdarstellung von Hochängstlichen   136
5.3.1   Der selbstprotektive Bewältigungsstil   137
5.3.2   Die Selbstdarstellung defensiv Ängstlicher   137

          Literatur   139

**6.   AUSBLICK: PERSÖNLICHKEIT UND SELBST-
          DARSTELLUNG BEIM BEWÄLTIGEN VON
          EMOTIONEN   142**
          Lothar Laux

6.1   Persönlichkeit und habituelle Selbstdarstellung   142

**6.2   Persönlichkeitserklärung und
          Persönlichkeitsveränderung   143**
6.2.1   Entwicklung und Verfestigung von Stilen
          der Selbstdarstellung   144
6.2.2   Selbstextension und Self-Modeling   146

          Literatur   150

          STICHWORTVERZEICHNIS   152

          AUTORENVERZEICHNIS   155

EINLEITUNG[1]

Es gibt Themen in der Psychologie, die im Widerspruch zur Lebenserfahrung zu stehen scheinen. Das Thema *Emotionsbewältigung und Selbstdarstellung* gehört dazu. Für sich allein genommen bezeichnen Emotionsbewältigung und Selbstdarstellung Fragestellungen, die ohne weiteres an die jedermann zugängliche vorwissenschaftliche Erfahrung anschließen.

Emotionsbewältigung: Die unangenehme Erlebnisqualität von Emotionen, die durch Streß ausgelöst werden, läßt uns nach Reaktionen suchen, durch die wir eben diese Emotionen abschwächen oder beseitigen wollen. Einen quälenden Angstzustand versucht man zu bewältigen, indem man die Angst deutlich zum Ausdruck bringt, nahestehende Personen um Hilfe bittet, die angstauslösende Situation umbewertet etc.

Selbstdarstellung: Durch unser Verhalten streben wir häufig die Vermittlung bestimmter Selbstbilder wie z.B. Freundlichkeit, Kompetenz oder Durchsetzungsfähigkeit an. Dadurch sollen entsprechende Eindrücke, die andere von uns formen, kontrolliert werden. Dies liegt in unserem eigenen Interesse, da wir zum Erreichen nahezu aller Ziele im Leben die Mithilfe anderer Menschen benötigen.

Was aber hat das eine mit dem anderen zu tun? Stellen emotionale Zustände nicht eine Gewähr für Unmittelbarkeit und Echtheit dar, die sich jeder darstellerischen Gestaltung entziehen? Ist nicht derjenige, der Angst oder Ärger empfindet und versucht, damit fertigzuwerden, so absorbiert, daß ihm kein Spielraum für Selbstdarstellung bleibt? Und selbst wenn dieser Spielraum bliebe, ist er überhaupt motiviert, sich in selbstwertbelastenden Situationen zusätzlich noch darum zu kümmern, welche Selbst-Wirkungen er bei anderen hervorruft? Ist es nicht von vornherein dubios, ja unsinnig, das Springteufelchen "Selbstdarstellung" ausgerechnet auf die Bewältigungsforschung loszulassen? - Die Antworten auf solche Fragen geben wir in diesem Buch.

---

[1] Für die sorgfältige und umsichtige Arbeit bei der Herstellung der reproduktionsfähigen Druckvorlage des Manuskripts bedanken wir uns bei Elfi Jemiller und Alexandra Seitz.

Kap. 1 gibt eine Einführung in das erste Stichwort des Buches, die Emotionsbewältigung. Nach einer Klärung des Begriffs werden zwei zentrale Themen der Bewältigungsforschung dargestellt. Das erste Thema sind Formen, in denen die Bewältigung von Emotionen erfolgen kann; diskutiert werden Taxonomien und Erfassungsinstrumente. Das zweite zentrale Thema sind die Funktionen, die der Bewältigung zugeschrieben werden, und die Intentionen, die der/die einzelne in der Bewältigung von Emotionen verfolgt. Für Bewältigungsintentionen wird eine grundlegende Taxonomie vorgestellt, auf die spätere Buchkapitel zurückgreifen werden.

Kap. 2 umreißt die Kerngedanken des Buches. Zentrale These ist, daß Bewältigungsreaktionen in der Absicht der Selbstdarstellung eingesetzt werden können. Dies soll für alle Formen von Bewältigungsreaktionen gelten, wird aber vor allem an den expressiven Bewältigungsformen veranschaulicht. Verschiedene Konzepte der Emotionsforschung lassen sich in diesen Interpretationsrahmen einfügen. Nach einer Erörterung von Grundbegriffen der Selbstdarstellungstheorie wird vorgeschlagen, Selbstdarstellung als Zwischenschritt auf dem Wege der Regulation von vier Zielbereichen aufzufassen, die in Kap. 1 dargestellt werden: Situation, Emotion, Selbst und Interaktion.

Kap. 3 steht ganz im Zeichen einer exploratorischen Untersuchung, in der Bewältigungsreaktionen und -intentionen für die Basisemotionen Ärger und Angst systematisch miteinander verglichen wurden.

Kap. 4 beschäftigt sich mit dem Zusammenhang zwischen Selbstwert und Ärger. Zunächst wird beschrieben, in welcher Weise Angriffe auf das Selbstwertgefühl bzw. auf Bestandteile des Selbstkonzeptes Ärger auslösen können. Es schließt sich die Frage an, welche Reaktionen geeignet sind, Selbstwertangriffe erfolgreich zu parieren.

Kap. 5 liefert eine vertiefende Analyse von Selbstdarstellung, Selbstwert und Angst. Dabei wird unterschieden zwischen Angst, die durch Selbstdarstellungsprobleme ausgelöst wird, und Angst, die mit Hilfe von Selbstdarstellung bewältigt wird.

In *Kap. 6* wird in Form eines Ausblicks skizziert, was eine Selbstdarstellungsinterpretation von Emotionsbewältigung für die Persönlichkeitspsychologie zu leisten vermag. Themen sind: Habituelle Selbstdarstellung, Entwicklung und Verfestigung von Selbstdarstellungsstilen sowie Persönlichkeitsveränderung durch Selbstdarstellung.

1. EMOTIONSBEWÄLTIGUNG: FORMEN UND INTENTIONEN

Hannelore Weber und Lothar Laux

Die Bewältigung von Emotionen hat als Theorie- und Forschungs-
gebiet bisher keine rechte Eigenständigkeit. Sie bewegt sich zwischen
drei großen Theorie- und Forschungstraditionen, eine Position, die
eine fruchtbare und lebhafte Forschung verspricht. Die drei Zuliefer-
gebiete zur Emotionsbewältigung sind die Emotionstheorien, die Bewältigungsforschung ("coping") und Arbeiten, die sich mit einzelnen,
spezifischen Emotionen beschäftigen.

Die *Emotionstheorien*, bei denen man zunächst nach der Bewältigung von Emotionen suchen würde, machen jedoch gerade dazu nur
wenig Aussagen. Emotionstheorien konzentrieren sich weitgehend auf
die Entstehung von Emotionen und ihren kognitiven, expressiven und
physiologischen Teilprozessen. Aspekte der Emotionsbewältigung
werden meist nur gestreift, z.B. unter dem Stichwort "Ausdruck" von
Emotionen (für aktuelle Überblicke über Emotionstheorien siehe
Scherer, 1990; Lantermann & Hänze, 1992). Zu den wichtigen
Ausnahmen zählt Frijda (1986), der von der einfachen Feststellung
ausgeht, daß Menschen Emotionen nicht einfach nur "haben", sondern
auch damit umgehen ("handle"). Emotionen unterliegen unbewußt und
bewußt regulativen Prozessen. Frijda bevorzugt den Begriff der
Regulation, um all jene Mechanismen zu beschreiben, mit denen wir
in Emotionen eingreifen, angefangen von der Selbstkonfrontation mit
emotionsauslösenden Situationen im Sinne einer präventiven Regulation, über Formen der kognitiven Bewertung eben solcher Situationen
bis hin zur Regulation offenen Verhaltens.

Die Regulation von Emotionen, wie Frijda sie ausführt, über-
schneidet sich deutlich mit dem Konzept der *Bewältigung*, auf das er
sich selbst auch explizit bezieht. Der theoretische Unterschied
zwischen beiden Begriffen liegt vor allem darin, daß "Regulation"
ubiquitäre Prozesse der Modifizierung von Emotionen umfaßt.
"Bewältigung" beschränkt sich hingegen - zumindest im strengen
Sinne vieler Definitionen - auf jene Prozesse, die dann einsetzen,
wenn in einer Situation ein *Ungleichgewicht* zwischen Anforderung
und Reaktionsvermögen und damit "Streß" im relationalen Verständnis vorliegt (z.B. Lazarus & Folkman, 1984; Lazarus, 1991).

Strenggenommen würde sich die Bewältigung von Emotionen als ein Sonderfall der Regulation auf eben den Fall beziehen, daß routinehafte Anpassungsprozesse nicht mehr ausreichen. In der Praxis jedoch wird der Bewältigungsbegriff nicht so rein verwendet, wie er definiert wird. Es hat sich mittlerweile eingebürgert, von "Bewältigung" dann zu sprechen, wenn man mit irgendwie belastenden Situationen zu tun hat (vgl. Weber, 1992a).

Die Bewältigungsforschung und die in ihrem Rahmen erarbeiteten Konzepte bieten sich als Modell für die Bewältigung von Emotionen unmittelbar an. Dies allein schon deshalb, weil einzelne Emotionen oder ein unspezifischer Distreß-Zustand von jeher als zentraler Bestandteil von Streß galten: Bewältigungsforschung war und ist daher in erster Linie *Emotionsbewältigungs*forschung. Hier kreuzen sich auch die Streßbewältigungsforschung und jene dritte Forschungstradition, die zum Thema Bewältigung von Emotionen beisteuert, nämlich Arbeiten zu einzelnen, spezifischen Emotionen. Die vorrangig untersuchten Belastungsemotionen sind Trauer (vgl. Laux & Weber, 1990) und Angst (vgl. Krohne & Kohlmann, 1990; Laux & Glanzmann, 1993); Ärger stand dagegen als Streßemotion lange Zeit im Schatten der Angst (Weber, 1993a).

Zu den grundlegenden Fragestellungen der Bewältigungsforschung gehören die Identifikation und Beschreibung von Formen und Funktionen der Bewältigung. Mit diesen beiden Themen beschäftigen sich nun auch die nachfolgenden Abschnitte.

1.1 Formen der Bewältigung

Formen der Bewältigung, verstanden als in sich homogene Klassen von konkreten Bewältigungsreaktionen (Braukmann & Filipp, 1984), sind die grundlegende Analyseeinheit der Bewältigungsforschung. Sie sind die Bausteine, aus denen sich die Beschreibung von Bewältigung aufbaut. Menschen bewältigen, indem sie beispielsweise Probleme direkt anpacken (z.B. konkret: einen Arzt aufsuchen), andere um Hilfe bitten (z.B. konkret: beim Umzug helfen) oder der belastenden Situation entfliehen (z.B. konkret: eine Prüfung verschieben).

Im Prinzip kann eine unendliche Zahl an kognitiven, aktionalen und expressiven Reaktionen der Bewältigung dienen - eine Freundin anrufen, Alkohol trinken, sich körperlich austoben, Musik hören, Tagträumen, ein neues Kleid kaufen, einen Zeitplan aufstellen. Eine klare Grenze zwischen bewältigungsrelevantem und nicht-bewältigungsrelevantem Verhalten läßt sich, was den Inhalt des Verhaltens, also die bloße Deskription betrifft, nicht ziehen. Eine Reaktion wird erst zum Bewältigungsverhalten durch die ihr zugrundeliegende *Intention*, mit internen und/oder externen Anforderungen umzugehen, oder präziser, diese zu meistern, abzuschwächen, zu vermeiden oder zu tolerieren (so hier stellvertretend die bekannte Definition von Lazarus und Folkman, 1984).

Die Schwierigkeit liegt nun darin, das breite Spektrum potentiell bewältigungsrelevanten Verhaltens, dessen Ränder - wie gesagt - nicht definiert sind, auf grundlegende Formen zu reduzieren. Grundsätzlich ist es unerläßlich, von konkreten Reaktionen zu abstrahieren und übergreifende Formen zu identifizieren. Alle weiterführenden Fragestellungen der Bewältigungsforschung (Welchen Einfluß hat der Typ der Belastung auf die Art der Bewältigung? Welche Formen der Bewältigung sind besonders effektiv? Welche Zusammenhänge bestehen zwischen Form der Bewältigung und Persönlichkeitsmerkmalen?, vgl. zu diesen Fragen Weber, 1992a) bedürfen der abstrahierten Bewältigungsform als Untersuchungseinheit und Ausgangspunkt.

In der Literatur finden sich zahlreiche Bemühungen, den Variantenreichtum der konkreten Bewältigungsreaktionen auf eine überschaubare, empirisch handhabbare Anzahl grundlegender Formen zu reduzieren. Die unterschiedlichen Wege der Reduktion führen zwar zu Überschneidungen und Übereinstimmungen, jeder Ansatz weist aber über die gemeinsame Teilmenge hinaus eigene Formen auf. So bleibt derzeit nur das Fazit, daß die Bewältigungsforschung über einen allgemeingültigen Kanon grundlegender Bewältigungsformen nicht verfügt.

1.1.1 Bewältigungstaxonomien

Wie sehen nun die Bemühungen um eine Klassifikation von grundlegenden Formen der Bewältigung aus? Drei Zugangswege lassen sich unterscheiden: 1. die theoretische Klassifikation von Formen nach übergeordneten Dimensionen, 2. die Gruppierung mehr oder weniger willkürlich zusammengestellter Bewältigungsformen nach einem ausgewählten Merkmal und 3. empirisch gewonnene Grundformen.

1.1.1.1 Theoretische Klassifikationen

Die zweifellos eleganteste taxonomische Ordnung ist eine, bei der zunächst grundlegende theoretische Dimensionen definiert werden, aus deren Kombination im zweiten Schritt einzelne Formen abgleitet werden - bzw. denen bereits bekannte Formen zugeordnet werden.

Ein Beispiel für eine solche dimensionsgeleitete Klassifikation legen Filipp und Klauer (1988) vor. Sie gehen von den drei Dimensionen Aufmerksamkeitsorientierung, Soziabilität und Kontrollebene aus. Alle drei Aspekte spielen explizit oder implizit auch in anderen Taxonomieansätzen eine Rolle. Entscheidend ist jedoch, daß Filipp und Klauer die drei Dimensionen systematisch zu einer Taxonomie zusammenführen.

Aufmerksamkeitsorientierung bezieht sich auf die Frage, ob die Bewältigungsreaktion in irgendeiner Form eine Zuwendung zum Ereignis beinhaltet ("ereigniszentriert" ist) oder sich davon wegbewegt ("ereignisdistanziert" ist). Mit der Aufmerksamkeitsorientierung wird das vielleicht entscheidendste Merkmal aufgegriffen, nach dem Bewältigung - über viele Ansätze hinweg - unterschieden wird. Immer geht es dabei um die Frage, ob eine Auseinandersetzung, eine Befassung mit der Anforderung, dem Ereignis stattfindet oder aber diese vermieden wird. "Vermeidung" ist denn auch das Stichwort, unter dem dieser Aspekt häufig abgehandelt wird (vgl. z.B. Krohne, 1989; 1993; Weber, 1993a). Der Begriff der "Vermeidung" ist jedoch negativ besetzt, während der Begriff der Aufmerksamkeitsorientierung neutral beschreibend bleibt. Diese Neutralität ist auch angemessen, da es in der Taxonomie von Bewältigungsformen zunächst nur um die Beschreibung, nicht aber Bewertung von Bewältigung geht. Die zweite Dimension, die Filipp und Klauer vorschlagen, ist die *Soziabilität* (unterschieden nach hoch und niedrig), die sich darauf bezieht, in welchem Maße andere in die Bewältigung eingebunden werden. Auch dies ist ein Merkmal, das sich durch die gesamte Bewältigungsforschung hinzieht. Die dritte Dimension ist die *Kontrollebene*. Hier unterscheiden Filipp und Klauer zwischen innerpsychischen Prozessen und aktionalen Reaktionen.

Die drei Dimensionen, die, wie beschrieben, jeweils zweipolig konzipiert sind, kombinieren sich zu einem Schema mit acht Teilklassen. So ist etwa, um eine der acht Kombinationen zu illustrieren, der Anschluß an Selbsthilfegruppen eine Bewältigungsreaktion, die eine Zuwendung zum Ereignis beinhaltet (Aufmerksamkeitsorientierung: ereigniszentriert), in hohem Maße "soziabel" ist und im Hinblick auf die Kontrollebene direktes Handeln darstellt.

1.1.1.2 Unidimensionale Gruppierungen

Eine zweite, in ihrem Anspruch allerdings bescheidenere Möglichkeit, Bewältigungsformen zu ordnen, liegt darin, bereits identifizierte Formen nach einem Merkmal zu gruppieren. Eine gängige Unterscheidung ist die nach intrapsychischen, aktionalen und expressiven Formen. Hier wird also die Dimension der Kontrollebene im Sinne von Filipp und Klauer (1988) zum Gruppierungsprinzip, erweitert um die expressive Komponente. Heim, Augustiny, Blaser und Schaffner (1991) gruppieren die Bewältigungsformen, die in ihrem Verfahren "Berner Bewältigungsformen" (BEFO) zusammengestellt sind, in ähnlicher Weise nach handlungsbezogenen, kognitionsbezogenen und emotionsbezogenen Formen.

Die Gruppierung nach intrapsychisch, aktional und expressiv wird im folgenden genutzt, um an dieser Stelle grundlegende Formen der Bewältigung konkret vorzustellen.

Intrapsychische Bewältigungsformen: Diese Bewältigungsformen umfassen kognitive Prozesse bei der Wahrnehmung und der Interpretation von Belastungssituationen. Gemeinsam ist diesen Formen, daß sie sich auf die Art und Weise beziehen, wie ein Ereignis gesehen und interpretiert wird. Dahinter steckt die grundlegende Prämisse subjektiver Streßtheorien, daß Ereignisse nicht "an sich" belastend sind, sondern Produkt sind subjektiver Ereigniskonstruktion (eine Position, die freilich auch Widerstand hervorruft, indem AutorInnen dafür plädieren, Streßereignisse über "objektive" Parameter zu definieren; vgl. zu dieser Diskussion Dohrenwend, Dohrenwend, Dodson & Shrout, 1984; Lazarus, DeLongis, Folkman & Gruen, 1985; Hobfoll, 1989; Weber, 1992b).

Der Modus der subjektiven Ereigniskonstruktion, der in der Bewältigungsforschung das stärkste Aufsehen gefunden hat, ist zweifellos die *defensive* Wahrnehmung und/oder Interpretation von Situationen. Kennzeichen defensiver Formen ist es, daß eine potentielle oder faktische Bedrohung vom Eindringen in das Bewußtsein abgehalten wird (z.B. Verdrängung, Verneinung) oder die im Prinzip wahrgenommene Bedrohung abgeschwächt (z.B. Bagatellisierung, Rationalisierung) bzw. der Konfrontation ausgewichen wird ("evasiv" nach Thomae, 1968; z.B. Ablenkung, Tagträume). Defensive Reaktionen bleiben, um Mißverständnissen vorzubeugen, nicht auf den intrapsychischen Modus beschränkt; sie können ebenso aktional sein, z.B. direkte Vermeidung von Situationen oder Alkohol trinken. (Hier zeigt sich die Schwäche solcher eindimensionalen Gruppierungen, bei der Formen nur nach einem Merkmal zusammengestellt werden und nicht, wie es in mehrdimensionalen Taxonomien der Fall ist, nach mehreren Aspekten klassifiziert werden. Die Trennung nach intrapsychisch, aktional und expressiv ist in jedem Falle eine in hohem Maße künstliche und nur aus analytischen Gründen zu rechtfertigen. In der Lebenspraxis verwirklicht sich Bewältigung meist als eine Verflechtung aller drei Formen.)

In den defensiven Formen findet sich das psychoanalytische Konzept des *Abwehrmechanismus* wieder, zum Teil explizit in der Benennung der Form (z.B. Verdrängung, Rationalisierung), in jedem Falle aber von der Grundidee her. Die Konzeptüberlappung zwischen Bewältigung und Abwehr ist denn auch direkt Gegenstand theoretischer Abgrenzungsversuche (siehe dazu Steffens & Kächele, 1988). Einige AutorInnen schlagen vor, Abwehr und Bewältigung im Hinblick auf ihre Effektivität oder Adaptivität abzugrenzen. So definiert etwa Norma Haan (1977) Bewältigung als adaptiven, Abwehr als dysfunktionalen Modus der Anpassung. Auf diese Weise mischen sich jedoch die Beschreibung und die Bewertung von Verhalten, eine Position, die von weiten Teilen der Bewältigungsforschung abgelehnt wird. Statt dessen besteht Übereinstimmung, Beschreibung und Bewertung zu trennen. Defensive Formen sind daher zunächst nichts anderes als eine Spielart von Bewältigung - ihre Effektivität ist, und das gilt für alle Formen, in einem unabhängigen Schritt empirisch zu überprüfen (Weber, 1993b, c).

Innerhalb der intrapsychischen Formen läßt sich eine weitere Teilgruppe ausmachen, die sich dadurch auszeichnet, daß sie auf eine begütigende, die Belastungsqualität einer Situation mildernde Interpretation abzielt; diese Akzentsetzung läßt sie innerhalb der Gesamtgruppe der intrapsychischen Formen auffallen. In diese Gruppe gehören positive Uminterpretationen von Situationen, weiterhin Sinngebung, Glaube, Hoffnung, Humor. Der Übergang zwischen all diesen Formen und defensiver Bewältigung ist dabei fließend: Die positive Interpretation einer Belastung kann durchaus "realitätsverzerrend" sein - oder muß sie es nicht sogar?

Eine wiederum andere Gruppe intrapsychischer Bewältigungsformen zeichnet sich dadurch aus, daß hier die eigene Person bzw. die Beziehung zwischen Ereignis und der eigenen Person im Mittelpunkt steht. Dazu zählen Selbstbeschuldigungen, Selbstmitleid, aber auch - mit positiven Vorzeichen - Selbstaufwertung (enthalten z.B. in dem Streßverarbeitungsfragebogen (SVF) von Janke, Erdmann & Kallus, 1985 oder den Berner Bewältigungsformen (BEFO) von Heim et al., 1991).

Aktionale Bewältigungsformen: Zu den aktionalen Bewältigungsformen lassen sich Formen gruppieren, denen bei aller inhaltlichen Divergenz gemeinsam ist, daß sie offenes, von daher auch *beobachtbares* Verhalten beinhalten. Dazu gehören problemlösebezogenes Handeln, aggressive Reaktionen, das Bemühen um soziale Unterstützung, Entspannungstechniken, die aktive Vermeidung, darunter auch soziale Abkapselung, schließlich der Konsum von Genußmitteln (Rauchen, Alkohol) und der Gebrauch von Pharmaka.

Expressive Bewältigungsformen: Expressive Bewältigungsformen umfassen - wie der Name sagt - Formen des Emotionsausdrucks. In vorliegenden Bewältigungsinventaren sind expressive Formen jedoch nicht systematisch berücksichtigt. Die Erfassung expressiver Bewältigung beschränkt sich dort in der Regel auf drei Ausdrucksweisen: der agitierte Gefühlsausbruch, meist dem Formenkreis der "Aggression" zugeordnet; der offene Ausdruck von Gefühlen (was meist nicht weiter spezifiziert wird) und schließlich die Unterdrückung/Kontrolle von Emotionen. Andere Spielarten des Gefühlsausdrucks fehlen, z.B. der indirekt-andeutende Gefühlsausdruck, weiterhin das nicht-authentische Vorspielen oder die übersteigerte Darstellung von Emotionen. Wir haben in eigenen Arbeiten versucht, diese Lücke zu füllen, indem wir expressive Formen systematisch erfaßt haben. Die nachfolgenden Kapitel dieses Buches werden dies im einzelnen noch verdeutlichen.

1.1.1.3 Empirische Klassifikationen

Die dritte Möglichkeit, grundlegende Formen der Bewältigung zu identifizieren, ist die empirische, d.h. der Versuch, aus vorliegenden Daten (Fragebögen, Interviewaussagen, Beobachtungen) übergreifende

Kategorien abzuleiten. Dies geschieht zum einen vor allem über Faktorenanalysen, zum anderen über eine inhaltsanalytische oder der praktischen Erfahrung entwachsende Herausarbeitung von Grundformen.

Im Falle faktorenanalytischer Reduktion erfolgt die Extraktion von Formen aus einem Inventar vorgegebener Reaktionen. Dabei versteht es sich von selbst, daß die zu gewinnenden Faktoren zum einen von der vorgegebenen Menge an Reaktionen abhängen, zum anderen deren inhaltliche Gestaltung stichprobenabhängig ist. Zudem stellt sich hier das Problem, daß Faktoren selten eine in sich homogene Klasse von Reaktionen darstellen, wie es die sinnvolle Definition von Bewältigungsformen nach Braukmann und Filipp (1984) verlangt. Auch statistisch befriedigende Werte der internen Konsistenz verleihen einer faktorenbasierten Skala noch lange nicht theoretisch befriedigende Homogenität. Faktorenanalysen sind angezeigt, wenn innerhalb einer Forschungsarbeit zunächst nach sachbezogener oder subjektiver Vollständigkeit Reaktionsitems zusammengestellt werden und für weitere Analysen mit reduzierten Daten gearbeitet werden soll. Sie sind aber ungeeignet, grundlegende Bewältigungsformen tatsächlich zu identifizieren.

Anders sieht es aus im Falle inhaltsanalytischer Kategoriengewinnung. Ausgangspunkt sind in diesem Falle verbale Daten, Beschreibungen von Bewältigungsreaktionen und Verhaltensweisen, die inhaltsanalytisch zu übergreifenden Kategorien zusammengestellt werden. Nun ist die Inhaltsanalyse zwar ein Verfahren, das die Extraktion von Kategorien aus dem Material systematisiert, aber letztlich ist die Formulierung einer Kategorie Ergebnis der Strukturierungsleistung der Forschenden selbst. Ein Beispiel bietet die Studie von Knapp-Glatzel (1987; Weber & Knapp-Glatzel, 1988), in der die TeilnehmerInnen Tagebuch führten über ihre alltäglichen Belastungen und deren Bewältigung über eine Woche hinweg. Hier fiel in den freien Beschreibungen auf, daß eine Reihe der Teilnehmenden sich der nur allzu vertrauten Kunstgriffe bedienten, um eine Belastung zunächst einmal als "erledigt" zu betrachten: Sie nahmen sich vor, ab morgen, ab nächste Woche, beim nächsten Mal, alles anders zu machen, oder Dinge zu erledigen. Diese lediglich antizipierten Problemlösungen, die aber als höchst befriedigend empfunden wurden, wurden unter dem Stichwort "Gute Vorsätze fassen" als Bewältigungsform definiert. Ein solch qualitativ-heuristischer Zugang zur Gewinnung von Bewältigungsformen hat Vorzüge. Die Strukturierung des empirischen Materials durch die Forschenden ist hier von dem Anspruch geleitet, allgemeine Kategorien zu gewinnen, die in sich geschlossen sind, und daher der Forderung nach homogenen Einheiten Rechnung tragen.

Ein gutes Beispiel für eine empirische Gewinnung von Kategorien sind die Berner Bewältigungsformen (BEFO), bei denen Formen der Krankheitsbewältigung interview- und beobachtungsgestützt erfaßt werden (Heim et al., 1991). Die in den BEFO zusammengestellten Formen wurden nach Aussagen der Autoren zu einem Teil der Literatur entnommen, zum anderen Teil der praktischen klinischen Arbeit heraus formuliert. Der Vorteil einer solch empirisch-praxisbezogenen Entwicklung von Taxonomien, so die Autoren der BEFO, liegt darin, daß sie veränderungssensibel sind. Neuen Erfahrungen kann durch ergänzende Formen Rechnung getragen werden. Mit 30 Grundformen stellen die BEFO das derzeit umfassendste und differenzierteste Instrument zur Diagnose von Bewältigungsverhalten dar.

1.1.2 Verfahren zur Erfassung von Bewältigung

In vielen Studien werden nach wie vor Instrumente zur Erfassung von Bewältigung ad hoc entwickelt. Daneben steht der Einsatz standardisierter Verfahren (vgl. für einen Überblick auch Halsig, 1988).

Bewältigungsformen werden über theoretische Ansätze und empirische Arbeiten hinweg auf unterschiedliche Art und Weise erfaßt. Zu den mehrdimensionalen Fragebögen gehören der Streßverarbeitungsfragenbogen (SVF) von Janke et al. (1985), der Ceus-Coping Fragebogen von Schulze, Flörchinger, Jäger und Rees (1987), der Fragebogen zum Umgang mit Belastungen im Verlauf von Reicherts und Perrez (1993); im englischen Sprachraum das Ways of Coping Questionnaire aus dem Lazarus-Arbeitskreis (Folkmann & Lazarus, 1988). Ein mehrdimensionales Verfahren zur Fremdbeurteilung haben Heim et al. (1991) mit den Berner Bewältigungsformen (BEFO) vorgelegt; es wurde primär entwickelt zur Krankheitsbewältigung, ist aber auch für andere Themen geeignet. Die Bewältigung von Krankheit stellt derzeit ohnehin das dominierende Teilgebiet der Bewältigungsforschung dar - eine Reihe von entsprechenden Verfahren bezeugen diese Schwerpunktsetzung (z.B.: Klauer, Filipp & Ferring, 1989; Muthny, 1989).

Neben mehrdimensionalen Verfahren liegen Fragebögen vor, in denen *monothematisch* einzelne Formen oder Formengruppen erfaßt werden (z.B. Vigilanz/Vermeidung: Krohne, Rösch & Kürsten, 1989).

In einer Vielzahl an Arbeiten wird Bewältigung über freie oder (halb)strukturierte Interviews erfaßt (z.B. Ulich et al., 1985). Der Einsatz von Interviews erfolgt meist spezifisch fragestellungsbezogen. Interviews lassen sich auf die zu erfassenden Situationen flexibel zuschneiden. Darin liegt ihr Vorzug, aber auch das Problem, daß Ergebnisse nicht verglichen werden können.

Die unterschiedlichen Zugangswege lassen sich ferner danach unterscheiden, ob sie Bewältigungsverhalten *situationsbezogen* erfassen oder das *habituelle* Verhalten diagnostizieren.

Unabhängig vom methodischen Vorgehen zeichnet sich über die unterschiedlichen Ansätze hinweg so etwas wie ein Grundstock ab, in dem sich die folgenden Grundformen der Bewältigung wiederfinden: Problemzentriertes Handeln, Suche nach sozialer Unterstützung, Formen der Vermeidung, der Ablenkung und eskapistische Formen, aggressiv-ausagierendes Verhalten, Ausdruck von Emotionen, Kontrolle von Reaktionen.

1.1.3 Ausblick

Die derzeitige theoretische und empirische Handhabung grundlegender Bewältigungsformen ist vor allem mit zwei Problemen behaftet: 1. eine einheitliche Taxonomie fehlt, und 2. trotz der Fülle an Bewältigungsreaktionen und -formen ist der Fundus defizitär.

1.1.3.1 Fehlender Konsens hinsichtlich der Taxonomien

Wenn man bedenkt, daß Bewältigungsformen theoretisch und forschungspraktisch als grundlegende Analyseeinheit der Bewältigungsforschung fungieren, so ist die Tatsache, daß über diese Einheiten kein Konsens besteht, im Grunde grotesk. Daß sie bisher zu keinem existentiellen Problem wurde für die Etablierung einer Forschungsrichtung, liegt daran, daß es - wie gesagt - einen Grundstock gibt, der Forschungsergebnisse und Ansätze halbwegs vergleichbar macht. So ist ein Austausch möglich, und sei er noch so rudimentär. Allerdings ist es so, daß die Vergleichbarkeit häufig nur scheinbar gegeben ist, da sich nämlich bisweilen hinter ähnlich etikettierten Formen unterschiedliche Reaktionen verbergen, oder umgekehrt ähnliche Reaktionen hinter unterschiedlichen Etiketten verschwinden. So ist etwa der Ausdruck von Ärger mal der Grundform "Aggression" zugeordnet

(SVF von Janke et al., 1985), mal "Focus on & venting of emotions" (Carver, Scheier & Weintraub, 1989). McCrae und Costa (1986) benennen eine Bewältigungsform "Ausdruck von Emotionen", ohne weitere Spezifizierung - fällt darunter auch der Ausdruck von Ärger? Oder gehört er zur "Feindseligen Reaktion", einer weiteren, von McCrae und Costa definierten Bewältigungsform? Dieses Beispiel zeigt, welche Stolpersteine sich die Bewältigungsforschenden für die Interpretation und den Vergleich ihrer Ergebnisse selbst in den Weg legen. Die durch Operationalisierung selbstgewählte "splendid isolation" ist allenthalben sichtbar. Sie verhindert eine strengere diagnostische Fundierung der Bewältigungsforschung (vgl. Schmidt, 1988) und damit sicherlich ein Stück Professionalisierung.

Nun ist es sicherlich angemessen, die Erfassung von Bewältigungsreaktionen auf spezifische Fragestellungen zuzuschneiden, damit man den Situationen gerecht werden kann. Dies ließe sich allerdings auch bewerkstelligen, indem die Forschenden von einem gemeinsamen Kanon an Bewältigungsformen ausgehen und spezifische Aspekte je nach Fragestellung einfach hinzufügen würden. Das hätte den Vorteil, daß man Studienergebnisse vergleichbar macht und zudem Spezifika aufzeigen kann. Nun liegen standardisierte Verfahren noch nicht allzu lange vor, die eine Konvergenz fördern können. Es bleibt die Hoffung, daß dies in Zukunft zu mehr Eintracht führt. Die Vorliebe der Forschenden, Instrumente ad hoc zu entwickeln, scheint jedoch ungebrochen.

1.1.3.2 Inhaltliche Defizite

Die vorhandene Fülle an Bewältigungsreaktionen und -formen täuscht schnell über die Tatsache hinweg, daß bestimmte Formen möglicherweise in gängigen Erfassungsinstrumenten fehlen.

Defizite werden in erster Linie dann eingeklagt, wenn es sich in einer Studie - mal wieder - zeigt, daß die Zusammenhänge zwischen den erfaßten Formen und Kriterien des Bewältigungserfolgs schwach sind (Weber, 1992a, 1993b). Wenn aber, so die Überlegung, vorhandene Formen-Inventare die Folgen kaum vorhersagen können, so fehlen ganz einfach Formen. Und es fehlen dann offenbar nicht irgendwelche, sondern wichtige, entscheidende Bewältigungsvarianten.

Mangel herrscht, so einige Autoren, möglicherweise vor allem an positiven Formen, z.B. Humor (Aldwin & Revenson, 1987; McCrae & Costa, 1986) oder "Solace seeking", das aktive Bemühen um posi-

tive Erfahrungen (Rohde, Lewinsohn, Tilson & Seeley, 1990). Grundsätzlich stellt sich für die Bewältigungsforschenden das Problem, daß
zwar ein Teil der erfaßten Bewältigungsformen zu einer Verschlechte-
rung des Befindens beiträgt, kaum aber welche zu einer Verbesserung.
Dieser negative Bias ist über viele Studien hinweg durchgängig.
Daraus schließen die AutorInnen, daß es eben gerade an positiv
besetzten Formen fehlt, von denen ein Zusammenhang zu *Wohl*befinden erhofft wird (zu den Problemen der Evaluation von Bewältigung
siehe Weber, 1992a, 1993b, c). Zu den Bewältigungsinventaren, in
denen, wie theoretisch gewünscht, bereits eine Reihe positiver Formen
erfaßt werden, zählen die BEFO (Heim et al., 1991) - sicherlich
dadurch bedingt, daß die BEFO, gewonnen durch empirische Erfahrung, derart umfassend Bewältigung erfassen.

Defizite, und das wird bisher leider kaum diskutiert, bestehen auch
im Hinblick auf *indirekte* Formen der Bewältigung. Bewältigung wird
in der Regel so verstanden, daß sich hier der unmittelbare Umgang
mit einem Ereignis spiegeln soll. Aber Bewältigung könnte auch darin
liegen, daß man sich beispielsweise "aufbaut", sich bemüht, sich
selbst in optimale Verfassung zu bringen (Weber, 1992a). Indirekte
Bewältigung könnte auch darin bestehen, daß Ereignisse in ihren
negativen Implikationen abgefedert werden, daß ihre fatalen Wirkungen eingegrenzt, z.B. Folgeprobleme verhindert werden ("sekundäre
Stressoren" nach Pearlin, 1989).

1.2 Bewältigungsfunktionen und -intentionen

Die Konzentration auf die Definition und Erfassung von Bewältigungsformen hat die im Grunde naheliegende Frage in den Hintergrund gerückt, was denn der/die einzelne erreichen will, wenn er oder
sie sich mit Belastungen auseinandersetzt. In den Forschungsarbeiten
zur Bewältigung wird in der Regel nur erfaßt, *welche* Bewältigungsformen eingesetzt werden, nicht aber, *wozu*. Der intentionale Hintergrund, die individuelle Zielgerichtetheit von Bewältigung, bleibt
unberücksichtigt.

Ausnahme sind das Bewältigungs-Inventar "CEUS" von Schulze
et al. (1987) sowie die von Perrez und Reicherts (zusammenfassend
1992) entwickelten Verfahren, in denen jeweils explizit nach Intentionen (CEUS) oder - vom Gedanken her synonym - nach Bewältigungszielen (Perrez & Reicherts, 1992) gefragt wird.

In der theoretischen Konzeption ist hingegen die Zielbezogenheit von Bewältigung klar statuiert. Bewältigung selbst definiert sich - wie schon gesagt - über die Intention, mit internen und/oder externen Anforderungen umzugehen, oder präziser, diese zu meistern, abzuschwächen, zu vermeiden oder zu tolerieren (so die Definition von "coping" nach Lazarus und Folkman, 1984).

1.2.1 Bewältigungsfunktionen

In welcher Weise Bewältigung zielgerichtet ist, verdeutlichen die Funktionen, die ihr zugeschrieben werden. Nach dem verbreiteten dualen Funktionsmodell von Lazarus und MitarbeiterInnen dient Bewältigung vor allem zwei Funktionen: der Regulation von emotionalem Distreß und der Änderung der gestörten Person-Umwelt-Beziehung (oder häufig ungenau abgekürzt: die Problemlösung). Andere Autoren fügen weitere Funktionen hinzu (vgl. für eine zusammenfassende Diskussion Lazarus & Folkman, 1984). Pearlin und Schooler (1978) definieren beispielsweise die Um-Bewertung von Belastungssituationen als dritte Bewältigungsfunktion. Laux und Weber (1990) rechnen - wie z.B. auch Menaghan (1983) - den Schutz des Selbstwertes zu den grundlegenden Funktionen der Bewältigung. Funktionen sind Zuschreibungen, die theoretisch erfolgen, d.h., es wird von der Annahme ausgegangen, daß Menschen mit ihren Bewältigungsreaktionen die Ziele verfolgen, Probleme zu lösen, Distreß zu regulieren oder Selbstwert zu schützen. Die Betroffenen wurden - von den erwähnten Ausnahmen abgesehen - aber nicht gefragt, welche Ziele sie tatsächlich vor Augen haben. Daß die subjektive Zielsetzung mißachtet wurde, ist besonders in den Ansätzen verwunderlich, die im Prinzip von einem subjektiven Verständnis von Streß und Bewältigung ausgehen.

Statt dessen geschieht es häufig, daß einzelnen Bewältigungsformen Funktionen a priori zugeordnet werden, d.h., man schreibt etwa dem problemzentrierten Handeln zu, problemlöseintendiert zu sein. Ob diese Zuordnung im Einzelfall tatsächlich zutrifft, wird nicht überprüft. Mit problemzentriertem Handeln, etwa sorgfältige Vorbereitung auf eine Prüfung, kann z.B. auch intendiert sein, Angst loszuwerden, es diente damit also (auch) der Distreßregulierung. Oder, um ein anderes Beispiel zu nennen: Der offene Emotionsausdruck wird allgemein als "emotionszentrierte" Bewältigungsform gehandelt, doch kann der offen-temperamentvolle Ärgerausbruch durchaus *problem-*

*löse*intendiert sein, wenn nämlich damit die Absicht verbunden ist, daß andere, alarmiert durch die Heftigkeit, zu Hilfe eilen oder ein für den Betroffenen problemerzeugendes Verhalten ändern. Will das Funktionskonzept theoretisch und empirisch Sinn machen, müssen zunächst einmal die Bewältigungsziele erfaßt werden. Es bleibt dabei unbenommen, theoretisch weiterhin der Bewältigung Funktionen einfach zu unterstellen, dies auch aus guten Gründen; aber gänzlich ohne empirischen Gegenpart erscheint das Funktionskonzept unbefriedigend.

1.2.2 Bewältigungsintentionen

Forschungsarbeiten über die subjektiven Ziele von Bewältigung - oder hier gleichbedeutend: mit dem Bewältigungsverhalten verfolgten Intentionen - sind spärlich. Perrez und Reicherts haben in ihrem Bewältigungsfragebogen vier Ziele formuliert: die Anpassung an die Situation bzw. die Änderung der Situation, ferner das Wiederherstellen oder Aufrechterhalten des emotionalen Gleichgewichts und die Wiederherstellung bzw. Aufrechterhaltung des Selbstwertes und der Integrität der Persönlichkeit (Perrez & Reicherts, 1992; Reicherts, 1988). In dem CEUS Coping-Fragebogen von Schulze et al. (1987) werden gleich eine ganze Reihe von Intentionen angeboten, z.B. das Problem konkret zu lösen, sich abzulenken oder sich Mut zu machen.

In diesen CEUS-Intentionen zeigt sich nun allerdings ein grundlegendes Problem, nämlich die Überschneidung zwischen Verhaltensbeschreibung und den mit einem Verhalten angestrebten Zielen. Es hat sich eingebürgert, Bewältigungsformen teilweise über Intentionen zu definieren (Musterbeispiele sind "Ablenkung" oder "Vermeidung"; sie sind beide über Intentionen definiert!). Das macht die Konzeptabgrenzung in der Praxis schwierig. In der Theorie hingegen ist eindeutig, daß zwischen dem, was ich tue, und dem, was ich damit erreichen will, unterschieden werden kann.

1.2.2.1 Taxonomie von Bewältigungsintentionen

Werden Ziele - oder Intentionen - in die empirische und diagnostische Praxis einbezogen, so stellt sich zuallererst die Frage nach dem Universum potentieller Absichten. Welche Intentionen können grundsätzlich mit der Bewältigung verfolgt werden?

Eine erste Lösung dieser Frage liegt in der subjektivierten Formulierung der Bewältigungsfunktionen, indem Problemlösung, Emotionsregulation und Selbstwertregulation als Ziele erfaßt werden (siehe Perrez & Reicherts, 1992). Die traditionellen Bewältigungsfunktionen stellen fraglos zentrale Intentionsdimensionen dar, sie sind aber, sieht man von Aspekten der Problemlösung ab, zunächst stark individuumszentriert. Eine solche individualistische Sichtweise von Bewältigung greift jedoch zu kurz. Streß und Emotionen sind weitgehend sozial geprägte Phänomene, sei es, daß sie aus sozialen Beziehungen heraus entstehen, ihre Bewältigung in sozialem Kontext erfolgt und von sozialen Regeln bestimmt wird. Aus dieser genuin sozialen Natur folgt geradezu zwingend, daß auch Absichten auf die Regulation oder Gestaltung von aktuellen sozialen Interaktionen und längerfristigen Beziehungen gerichtet sind. Explorative Arbeiten bestätigen das beträchtliche Ausmaß an vielschichtigen interaktionsbezogenen Absichten in der Emotionsbewältigung (Burda & Viering, 1989; siehe auch Kap. 2, 3, 4 und 5).

Zusammen mit den drei subjektivierten Funktionen *Problem- bzw. Situationsregulation, Emotionsregulation* und *Regulation des Selbst* kann die *Regulation von Interaktionen und Beziehungen* damit als vierte grundlegende Absichtsdimension definiert werden. Diese vier Metakategorien sind, wie es Lazarus und Folkman (1987) schon für die Bewältigungsfunktionen betont haben, nicht unabhängig voneinander, sondern in einer Bewältigungsepisode vielfach aufeinander bezogen. Durch die Aufteilung werden jedoch einzelne inhaltliche Facetten betont, und zugleich wird ein Ausgangspunkt dafür geschaffen, einzelne Bewältigungsziele für die empirische Praxis zu generieren.

Den vier Zieldimensionen - oder besser: Zielfacetten - werden auf jeweils mittlerem Abstraktionsniveau mehrere Subkategorien theoretisch zugeteilt (siehe Tab. 1.1). Aus diesen wiederum lassen sich konkrete Bewältigungsziele, wie sie in Forschungsarbeiten als Items dienen können, ableiten. In der nachfolgenden Kurzskizzierung der Zielkategorien werden solche Itembeispiele benannt (für konkrete empirische Umsetzung siehe Kap. 3, 4 und 5).

Die Facette *Emotionsregulation* ist unterteilt in die Regulation jener fünf Komponenten, die nach aktuellem Verständnis eine Emotion überhaupt konstituieren, nämlich physiologische Reaktionen, Handlungsimpulse, kognitive Situationsbewertungen, expressive Reaktionen und last not least die subjektive Komponente, das Gefühl.

Konkrete Ziele könnten damit beispielsweise sein "Ich will, daß der Druck in meinem Magen verschwindet" (Regulation der physiologischen Komponente), "Ich will keinesfalls meine Beherrschung verlieren" (Regulation der Handlungsimpulse) oder "Ich will mich wieder wohl fühlen" (Regulation der Gefühlskomponente).

Tab. 1.1   Bewältigungsintentionen

Emotionsregulation
- Die Gefühle, das subjektive Empfinden, regulieren - Den Gefühlsausdruck regulieren - Physiologische Erregung und Symptome regulieren - Die kognitive Bewertung der Situation ändern - Handlungsimpulse kontrollieren
Situationsregulation
- Die Situation aktiv verändern - Sich selbst an die Situation anpassen - Den "status quo ante" bewahren - Eine Auseinandersetzung mit der Situation vermeiden
Selbstregulation
- Verletztes Selbstwertgefühl und angegriffenes Selbstkonzept wiederherstellen - Selbstwertgefühl und Selbstkonzept schützen und bewahren - Selbstwertgefühl steigern und Selbstkonzept erweitern
Interaktionsregulation
- Feedback geben/Befinden und Gefühle rückmelden - Interaktionsbezogene Selbstbilder kommunizieren - Die anderen zu einem gewünschten Verhalten bringen - Interaktion/Beziehung in Frage stellen, demontieren - Interaktion/Beziehung schützen, fördern

Der Facette der *Situationsregulation* werden vier Zielkategorien theoretisch zugeordnet: aktive Änderung der Situation; sich anpassen an die Situation (dies entspricht den Zielkategorien bei Perrez und Reicherts, zusammenfassend 1992); weiterhin die Erhaltung des "status quo ante" (z.B. als Intention "Ich will, daß alles beim alten bleibt") und viertens - die klassische Kategorie - die Vermeidung ("Ich will mich mit der Situation nicht auseinandersetzen").

Die Facette *Selbstregulation* bezieht sich zum einen auf das Selbstkonzept im Sinne der Gesamtheit der Selbstbilder oder Selbstschemata, d.h. der internen Repräsentation der eigenen Person; zum zweiten auf die bewertende Einstellung gegenüber dem Selbstkonzept oder einzelnen Schemata, also das Selbstwertgefühl. Als Bewältigungsziele sind die Wiederherstellung, Erhaltung und Erweiterung von einzelnen Teilen des Selbstkonzeptes oder des Selbstwertgefühls definiert - je nachdem, inwieweit das Selbst angegriffen, bedroht oder herausgefordert ist. Beispiele für konkrete Ziele könnten sein "Ich will meine Schwächen verbergen" oder "Ich will Selbstsicherheit zeigen" oder "Ich will mal sehen, wieviel in mir steckt".

Die vierte Facette bezieht sich auf die *Regulation von Interaktionen/Beziehungen*. Hierzu zählt zum einen die Regulation der kurzfristigen, d.h. auf die aktuelle Situation bezogene Interaktion. Dazu gehört es wiederum, Feedback zu geben ("Ich will deutlich zum Ausdruck bringen, wie ich mich fühle"), das Verhalten der anderen zu beeinflussen, d.h. Appelle an die Interaktionspartner, bestimmte Dinge zu tun ("Er soll sich betroffen fühlen") oder zu lassen ("Sie soll keine Anforderungen an mich stellen"). Zur Regulation der Interaktion kann auch die Gestaltung der längerfristigen, über die aktuelle Episode hinausreichenden Beziehung gehören; grundlegende Ziele können in diesem Falle der Schutz bzw. die Förderung der Beziehung sein ("Ich will sie/ihn nicht belasten") oder aber, gerade umgekehrt die Demontage der Beziehung ("Ich will die Beziehung beenden", "Der andere soll ein schlechtes Gewissen haben").

Obwohl es aus analytischen Gründen Sinn macht, die vier basalen Zielfacetten zu isolieren, ist eindeutig, daß sie in der aktuellen Bewältigung vermutlich weitgehend interdependent sind. Beispielsweise hängt das Ziel, eine Beleidigung vor Publikum möglichst selbstsicher zu parieren, von der Erfüllung der untergeordneten Ziele ab, die physiologische Erregung zu kontrollieren (niemand wirkt mit zitternder Stimme selbstsicher) und den Angreifenden dazu zu bringen, sich öffentlich zu entschuldigen. In diesem Beispiel wirken damit Selbstregulation, Emotionsregulation und Regulation der Interaktion zusammen, wobei die einzelnen Ziele hierarchisch aufeinander bezogen sind. Es ist anzunehmen, und Einzelfallanalysen bestätigen es (Pilz, 1989), daß Bewältigende in einer Episode mehrere Ziele zu erreichen suchen, in denen sich *alle vier* Facetten spiegeln.

1.2.2.2 Regeln

In vielen Situationen können Bewältigungsziele nicht so autonom gestaltet und gesetzt werden wie es die Darstellung bisher suggeriert hat. Aussagen über die individuelle Zielsetzung müssen im Hinblick auf soziale *Regeln* qualifiziert werden (Weber, 1992b).

Der Umgang mit Streß und Emotionen unterliegt in starkem Maße sozialen und persönlichen Regeln (Hochschild, 1979; 1983; Saarni & von Salisch, 1993; Thoits, 1985). Dabei lassen sich drei Sets von Regeln unterscheiden. Das erste Regelset bezieht sich auf den Ausdruck von Emotionen, es sind "display rules" (Ekman & Friesen, 1969), die vorschreiben, wie der offene, sichtbare Ausdruck von Emotionen zu modulieren ist. Das zweite Regelset umfaßt die "feeling rules" im Sinne von Hochschild (1979). Gefühlsregeln kodifizieren, welche Gefühle in einer gegebenen Situation angemessen und daher auch zu empfinden sind bzw. welche gerade nicht. Diese beiden in der Literatur bekannten Regelsets müssen um ein drittes erweitert werden - die Bewältigungsregeln (Weber, 1992b). In unserer Gesellschaft existieren eine Fülle von expliziten und impliziten Regeln, wie mit bestimmten Belastungen umzugehen sei. Es ist eine Art Laienwissen, das wir häufig aktualisieren, ohne uns vielleicht dessen bewußt zu werden. Manchmal offenbaren Ratschläge an andere solche Bewältigungsregeln (Lauf um den Block - wenn wütend; gehe ins Kino - wenn gelangweilt; fahre einfach weg - wenn überlastet). Solche Regeln fließen fraglos auch in die Bewältigungsziele ein. So kann es zum übergeordneten Ziel werden, in einer Situation den relevanten Regeln zu folgen, d.h. Gefühl, Ausdruck und Verhalten auf die regeldefinierte Bewältigung hin einzuschwören. Beispielsweise kann die Regel, Ärger nicht öffentlich zu zeigen (z.B. in einem vornehmen Restaurant keine Szene zu machen, wenn man von einem Mitgast provoziert wird), generelle persönliche Ziele (Beleidigungen assertiv und selbstsicher zu begegnen) übertrumpfen. Natürlich ist die Befolgung einer Regel, oder deren Verletzung, stets eine persönliche Entscheidung und damit selbst ein persönliches Bewältigungsziel (Weber, 1992b).

1.2.3 Ausblick

Aus dem hier vorgestellten Konzept subjektiver Bewältigungsziele ergeben sich eine Reihe von Fragestellungen für weitere theoretische Klärungen und für die empirische Forschung. Nachfolgend werden fünf zentrale Fragestellungen herausgegriffen; sie beziehen sich auf die Erfassung von Intentionen, den Zusammenhang zwischen Zielen und Bewältigungsformen sowie auf situative und interindividuelle Variabilität.

1.2.3.1 Zusammenhänge zwischen Intentionen und Bewältigungsformen

Voraussetzung für die empirische Überprüfung dieser Zusammenhänge ist es, daß Intentionen und Bewältigungsformen *unabhängig* voneinander operationalisiert und erfaßt werden. Das heißt vor allem, daß Bewältigungsformen nicht bereits intentional, d.h. mit "um zu"-Relationen, definiert sein dürfen (z.B. "Ich habe etwas getan, *um* mich abzulenken"). Grundsätzlich gibt es zwei Möglichkeiten, Ziele zu erfassen: 1. bezogen auf die Bewältigung einer Episode *insgesamt* (z.B. Fritsch & Weber, 1991; Perrez & Reicherts, 1992, Kap. 3), oder 2. bezogen auf jede *einzelne* realisierte Bewältigungsform (z.B. Schulze et al., 1987; Burda & Viering, 1989).

Was nun die theoretisch zu erwartenden Zusammenhänge zwischen Zielen und Bewältigungsformen betrifft, so lassen sich zwei Modelle grob unterscheiden. Zum einen kann es *starke Beziehungen* zwischen Zielen und einzelnen Formen geben, indem nämlich bestimmte Ziele sehr stark die Wahl der Form determinieren - dem anderen klaren Feedback geben zu wollen läßt für die Reaktion keinen allzu großen Spielraum. Zum anderen kann die Beziehung zwischen Ziel und Bewältigungsform eher *schwach* sein, wenn sich ein Ziel über unterschiedliche Formen realisieren läßt. Sich mit der Situation nicht befassen zu wollen, um ein Beispiel zu nennen, läßt immer noch eine Vielzahl von Möglichkeiten offen.

1.2.3.2 Bewußtheit von Intentionen

Ein grundlegendes Problem für die Erfassung von Intentionen ist die Frage, in welchem Maße Absichten überhaupt *bewußt* sind (siehe dazu Weber, 1993a). Zweifellos muß man davon ausgehen, daß Bewältigungsverhalten häufig nicht bewußt reflektiert wird und dabei vor allem auch nicht dessen Zielgerichtetheit. Bewältigung, zumal in sich ähnlich wiederholenden Belastungsepisoden, kann sehr automatisiert ablaufen. Ziele werden hier unter Umständen erst im Nachhinein bewußt, wie es Averill (1982) vermutet. Problematischer ist es, denn das würde aus der Sache ein Artefakt machen, daß Ziele im Nachhinein erst - passend zum Verhalten - konstruiert werden. Solche nachträglichen Konstruktionen können nicht ausgeschlossen werden; darin liegt auch ein großes methodisches Fragezeichen der empirischen Arbeit. Denn es ist schier unmöglich, diesen Prozessen empirisch auf die Spur zu kommen. Intentionen können nicht direkt beobachtet und auf diese Weise durch Dritte validiert werden (Weber, 1993a). Als Möglichkeit ist es ebenso denkbar, daß Ziele, psychoanalytisch interpretiert, von vornherein überhaupt nicht bewußt werden - zumindest nicht die "wahren" Ziele.

1.2.3.3 Intentionen und Bewältigungserfolg

Eine dritte Fragestellung betrifft die praktisch-angewandte Perspektive von Bewältigungszielen. Ziele informieren über die *persönliche Funktionalität* von Bewältigungsverhalten und tragen damit entscheidend zu dessen Verständnis bei. Das Wissen um den intentionalen Hintergrund von Bewältigung erscheint vor allem dann unabdingbar, wenn es gilt, Bewältigungsverhalten, das hinsichtlich bestimmter Kriterien ineffektiv ist, aufzuklären und je nachdem auch zu *verändern.*

Außerdem stellen Ziele selbst Kriterien dar, an denen die Effektivität von Bewältigungsformen - oder mit Perrez und Reicherts (1992) ihre *Angemessenheit* - geprüft werden kann. Bewältigungsformen können in dem Sinne erfolgreich sein, daß Absichten verwirklicht und persönliche Ziele erreicht werden. Allerdings wird sich eine solche stark subjektiv definierte Effektivität gefallen lassen müssen, durch andere Kriterien, z.B. soziale oder somatische Folgen, relativiert zu werden. Wenn ich beispielsweise durch Anpassung an Gegebenheiten mein Ziel verwirkliche, möglichst schnell wieder meine Ruhe zu haben, so kann das für den Partner eine sozial "unverträgliche" Bewältigung sein, da er nämlich unter meiner Passivität leidet. Die Erreichung persönlicher Ziele ist also konkurrierenden Erfolgskriterien ausgesetzt; mit dem für den Bewältigungserfolg existierenden Kriterienpluralismus müssen sich jedoch alle Erfolgskriterien auseinandersetzen (Weber, 1992a, 1993b, c).

1.2.3.4 Situative Variabilität und inter/intraindividuelle Unterschiede

Die vierte Fragestellung, die hier herausgegriffen wird, betrifft die situative und/oder personspezifische Variabilität von Bewältigungszielen. Wie unterscheiden sich Intentionen über unterschiedliche Typen von Belastungssituationen bzw. über einzelne Emotionen hinweg? Eine Untersuchung zur Bewältigung einer sozialen Angst-Situation im Vergleich zu einer sozialen Ärger-Situation zeigt z.B. deutlich, daß bestimmte Absichtskategorien emotionscharakteristisch sind, während andere, z.B. selbstwertschutzbezogene Absichten, in beiden Situationen gleichmaßen relevant sind. In Kap. 3 wird diese Studie ausführlich dargestellt.

Weitere Fragen richten sich auf Aspekte personbezogener Varianz: Welche inter- und intraindividuellen Unterschiede ergeben sich zum einen im Hinblick auf Intentionen, die in einer bestimmten Bewältigungsepisode und über solche Episoden hinweg verfolgt werden? Und bezogen auf den Zusammenhang zwischen Zielen und Bewältigungsformen: Wie personspezifisch gestalten sich Zusammenhänge zwischen Absichten und Bewältigungsformen?

1.2.3.5 Intentionen und expressive Bewältigung

Zu den theoretisch interessanten Perspektiven, die sich aus dem Absichtskonzept speziell für die Emotionsbewältigung ergeben, gehört der Zusammenhang zwischen Absichten und den expressiven Bewältigungsformen im Hinblick auf eine absichtsgeleitete Steuerung des Emotionsausdrucks. Beispiele für eine solche Darstellung von Emotionen sind etwa der heftige Ärgerausbruch, hinter dem Verletzbarkeit verborgen werden soll, oder der Ausdruck von Hilflosigkeit, der andere zur Hilfeleistung aktiviert. Die Analyse absichtsgeleiteter Emotionsdarstellung bietet die Möglichkeit, die grundlegende kommunikativ-expressive Funktion von Emotionen und damit die Regulation sozialer Interaktionen nicht allein über angeborene expressive Reaktionen, sondern über den zum Teil sehr bewußt gesteuerten Emotionsausdruck zu interpretieren. Diesen Fragestellungen und zugleich dem Leitthema des Buches werden sich die nachfolgenden Kapitel in aller Ausführlichkeit widmen.

Literatur

Aldwin, D.M. & Revenson, T.A. (1987). Does coping help? A reexamination of the relation between coping and mental health. *Journal of Personality and Social Psychology, 53,* 337-348.

Averill, J. (1982). *Anger and aggression. An essay on emotion.* New York: Springer.

Braukmann, W. & Filipp, S.-H. (1984). Strategien und Techniken der Lebensbewältigung. In U. Baumann, H. Berbalk & G. Seidenstücker (Hrsg.), *Klinische Psychologie: Trends in Forschung und Praxis. Bd. 6* (S. 52-87). Bern: Huber.

Burda, M. & Viering, G. (1989). *Bewältigung negativer Emotionen bei Paaren-Entwicklung und Erprobung eines Erhebungsinstruments.* Unveröffentlichte Diplomarbeit. Lehrstuhl Psychologie IV. Universität Bamberg.

Carver, C.S., Scheier, M.F. & Weintraub, J.K. (1989). Assessing coping strategies: A theoretically based approach. *Journal of Personality and Social Psychology, 56,* 267-283.

Dohrenwend, B.S., Dohrenwend, B.P., Dodson, M. & Shrout, P.E. (1984). Symptoms, hassles, social support, and life events: Problems of confounded measures. *Journal of Abnormal Psychology, 93,* 222-230.

Ekman, P. & Friesen, W.V. (1969). The repertoire of nonverbal behavior: Categories, origins, usage, and coding. *Semiotika, 1,* 49-98.

Filipp, S.-H. & Klauer, T. (1988). Ein dreidimensionales Modell zur Klassifikation von Formen der Krankheitsbewältigung. In H. Kächele & W. Steffens (Hrsg.), *Bewältigung und Abwehr* (S. 51-68). Berlin: Springer.

Folkman, S. & Lazarus, R.S. (1988). *Manual for the Ways of Coping Questionnaire.* Palo Alto, CA: Consulting Psychologists Press.

Frijda, N. (1986). *The emotions.* Cambridge: Cambridge University Press.

Fritsch, T. & Weber, H. (1991). Ärgerbewältigung bei Reservespielern in der Fußball-Bundesliga. *Sportwissenschaft, 21,* 170-181.

Haan, N. (1977). *Coping and defending.* New York: Academic Press.

Halsig, N. (1988). Erfassungsmöglichkeiten von Bewältigungsversuchen. In L. Brüderl (1988). *Theorien und Methoden der Bewältigungsforschung* (S. 162-191). Weinheim: Juventa.

Heim, E., Augustiny, K., Blaser, A. & Schaffner, L. (1991). *Berner Bewältigungsformen (BEFO). Handbuch.* Bern: Huber.

Hobfoll, S.E. (1989). Conservation of resources. A new attempt at conceptualizing stress. *American Psychologist, 44,* 513-524.

Hochschild, A. (1979). Emotion work, feeling rules and social structure. *American Journal of Sociology, 85,* 551-575.

Hochschild, A. (1983). *The managed heart. Commercialization of human feelings.* Berkeley, CA: University of California Press.

Janke, W., Erdmann, G. & Kallus, W. (1985). *Streßverarbeitungsfragebogen.* Göttingen: Hogrefe.

Klauer, T. & Filipp, S.-H. (1990). Formen der Krankheitsbewältigung bei Krebspatienten. In R. Schwarzer (Hrsg.), *Gesundheitspsychologie* (S. 333-364). Göttingen: Hogrefe.

Klauer, T., Filipp, S.-H. & Ferring, D. (1989). Der "Fragebogen zur Erfassung von Formen der Krankheitsbewältigung" (FEKB): Skalenkonstruktion und erste Befunde zu Reliabilität, Validität und Stabilität. *Diagnostica, 35,* 316-335.

Knapp-Glatzel, B. (1987). *Die Erfassung alltäglicher Belastungen auf der Grundlage von Tagebüchern.* Unveröffentlichte Diplomarbeit. Lehrstuhl Psychologie IV. Universität Bamberg.

Krohne, H.W. (1989). The concept of coping modes: Relating cognitive person variables to actual coping behavior. *Advances in Behaviour Research Therapy, 11,* 235-248.

Krohne, H.W. (Ed.) (1993). *Attention and avoidance.* Göttingen: Hogrefe.

Krohne, H.W. & Kohlmann, C.W. (1990). Persönlichkeit und Emotion. In K.R. Scherer (Hrsg.), *Enzyklopädie der Persönlichkeit. Psychologie der Emotion* (S. 486-559). Göttingen: Hogrefe.

Krohne, H.W., Rösch, W. & Kürsten, F. (1989). Die Erfassung von Angstbewältigung in psychisch bedrohlichen Situationen. *Zeitschrift für Klinische Psychologie, 18,* 230-242.

Lantermann, E.-D. & Hänze, M. (1992). Vom Sinn der Gefühle. *Psychomed, 4,* 76-80.

Laux, L. & Glanzmann, P. (1993). Angst und Ängstlichkeit. In M. Amelang (Hrsg.), *Enzyklopädie der Persönlichkeit. Differentielle Psychologie. Bereiche/Dimensionen individueller Differenzen.* Göttingen: Hogrefe.

Laux, L. & Weber, H. (1990). Bewältigung von Emotionen. In K.R. Scherer (Hrsg.), *Enzyklopädie der Psychologie. Psychologie der Emotion.* S. 560-629). Göttingen: Hogrefe.

Lazarus, R.S. (1991). *Emotion and adaptation.* New York: Oxford University Press.

Lazarus, R.S., DeLongis, A., Folkman, S. & Gruen, R. (1985). Stress and adaptational outcomes. The problems of confounded measures. *American Psychologist, 40,* 770-779.

Lazarus, R.S. & Folkman, S. (1984). *Stress, appraisal, and coping.* New York: Springer.

Lazarus, R.S. & Folkman, S. (1987). Transactional theory and research on emotions and coping. *European Journal of Personality Psychology, 1,* 141-169.

McCrae, R.R. & Costa, R.T. (1986). Personality, coping, and coping effectiveness in an adult sample. *Journal of Personality, 54,* 385-405.

Menaghan, E.G. (1983). Moderators of the relationship between life stress and mental health outcomes. In H.B. Kaplan (Ed.), *Psychosocial stress: Trends in theory and research* (pp. 157-191). New York: Academic Press.

Muthny, F.A. (1990). *Freiburger Fragebogen zur Krankheitsverarbeitung (FKV).* Göttingen: Hogrefe.

Pearlin, L.I. (1989). The sociological study of stress. *Journal of Health and Social Behavior, 30,* 2-21.

Pearlin, L.I. & Schooler, C. (1978). The structure of coping. *Journal of Health and Social Behavior, 19,* 2-21.

Perrez, M. & Reicherts. M. (1992). *Stress, coping, and health. A situation-behavior approach. Theory, methods, applications.* Seattle: Hogrefe & Huber Publishers.

Pilz, U. (1989). *Ärger und Ärgerbewältigung in Paarbeziehungen.* Unveröffentlichte Diplomarbeit. Lehrstuhl Psychologie IV. Universität Bamberg.

Reicherts, M. (1988). *Diagnostik der Belastungsverarbeitung.* Universitätsverlag Freiburg/Schweiz, Bern: Huber.

Reicherts, M. & Perrez, M. (1993). *Fragebogen zum Umgang mit Belastungen im Verlauf.* Göttingen: Hogrefe.

Rohde, P., Lewinsohn, P.M., Tilson, M. & Seeley, J.R. (1990). Dimensionality of coping and its relation to depression. *Journal of Personality and Social Psychology, 58,* 499-511.

Saarni, C. & von Salisch, M. (1993). The socialization of emotional dissemblance. In M. Lewis & C. Saarni (Eds.), *Deception and lying in everyday life.* New York: Guilford Press.

Scherer, K.R. (1990). Theorien und aktuelle Probleme der Emotionspsychologie. In K.R. Scherer (Hrsg.), *Enzyklopädie der Psychologie. Psychologie der Emotion (S. 2-40).* Göttingen: Hogrefe.

Schmidt, L. (1988). Psychodiagnostik in der Medizinischen Psychologie. *Zeitschrift für Differentielle und Diagnostische Psychologie, 9,* 223-232.

Schulze, C., Flörchinger, E., Rees, U. & Jäger, R.S. (1987). *CEUS - Coping Fragebogen.* Weinheim: Beltz.

Steffens, W. & Kächele, H. (1988). Abwehr und Bewältigung - Strategien und Mechanismen. Wie ist eine Integration möglich? In H. Kächele & W. Steffens (Hrsg.), *Bewältigung und Abwehr* (S. 1-50). Berlin: Springer.

Thoits, P.A. (1985). Self-labeling processes in mental illness: The role of emotional deviance. *American Journal of Sociology, 92,* 221-249.

Thomae, H. (1968). *Das Individuum und seine Welt.* Göttingen: Hogrefe.

Ulich, D., Haußer, K., Mayring, P., Strehmel, P., Kandler, M. & Degenhardt, B. (1985). *Psychologie der Krisenbewältigung.* Weinheim: Beltz.

Weber, H. (1992a). Belastungsverarbeitung. *Zeitschrift für Klinische Psychologie, 21,* 1-11.

Weber, H. (1992b). *Die soziale Konstruktion und Reglementierung von Belastung und Bewältigung.* Memorandum Nr. 21, Lehrstuhl Psychologie IV. Universität Bamberg.

Weber, H. (1993a). *Ärger. Psychologie einer alltäglichen Emotion.* Weinheim/ München: Juventa.

Weber, H. (1993b). Effektivität von Bewältigung: Kriterien, Methoden, Urteile. In E. Heim & M. Perrez (Hrsg.), *Jahrbuch der Medizinischen Psychologie. Bd. 11.* Göttingen: Hogrefe.

Weber, H. (1993c). Dem Phlegma eine Chance! Argumente gegen das Persönlichkeitsideal des problemzentriert Bewältigenden. In L. Montada (Hrsg.), *Bericht über den 38. Kongreß der Deutschen Gesellschaft für Psychologie in Trier. Bd. 2.* Göttingen: Hogrefe.

Weber, H. & Knapp-Glatzel, B. (1988). Alltagsbelastungen. In L. Brüderl (Hrsg.), *Belastende Lebenssituationen* (S. 140-157). Weinheim: Juventa.

2. SELBSTDARSTELLUNG BEI DER BEWÄLTIGUNG VON EMOTIONEN[1]

Lothar Laux

Emotionen und Selbstdarstellung schließen sich offensichtlich aus. Für diese Auffassung findet man auf Anhieb Beispiele: Von Gefühlen sagen wir, daß sie uns ergreifen, daß sie uns überwältigen. Wir scheinen ihnen ausgeliefert zu sein. Wenn wir aber nicht Herr unserer Gefühle sind, dann stellen Gefühlsreaktionen mehr als andere Äußerungen Indikatoren für Echtheit dar.

Und dagegen nun Selbstdarstellung! Hier denkt man an die bewußte Lenkung von Eindrücken: Wie rücke ich mich ins rechte Licht? Wie kehre ich meine positiven Seiten heraus? Um persönliche Vorteile zu erreichen, will der Handelnde offenbar Einfluß darauf nehmen, wie ihn seine Mitmenschen wahrnehmen. Vom Alltagsverständnis ausgehend bedeutet Selbstdarstellung oft beschönigende Eindruckssteuerung, wenn nicht sogar Manipulation und Verstellung. Gefühle, "die Garanten der Echtheit", kommen nach dieser Auffassung für Selbstdarstellung überhaupt nicht in Frage.

Beide populären Grundauffassungen sind extrem einseitig. Erstens kann die Erzeugung und auch der Ausdruck von Emotionen in einem gewissen Maße kontrolliert und gesteuert werden. Zweitens bedarf es häufig bewußter Darstellung, um Gefühlszustände authentisch - so wie man sie empfindet - zum Ausdruck zu bringen.

Gerade weil der Emotionsausdruck als Indikator von Echtheit und Glaubwürdigkeit gilt (vgl. Baumeister & Tice, 1987; Vohwinckel, 1983), bietet er sich für die Darstellung des Selbst, für Mitteilungen über die eigene Persönlichkeit besonders an. Etwas mit Zorn oder Trauer zu sagen, bedeutet, daß man es in besonders überzeugender und eindringlicher Weise sagt. Wenn also im Prozeß der Selbstdarstellung Emotionen zum Ausdruck kommen, besteht beim Beobachter - wie beim Handelnden - die Tendenz, die Selbstdarstellung für authentisch zu halten. Andererseits können starke Emotionen eine bloß strategische Selbstdarstellung überschwemmen und so ungewollt Authentiziät herstellen.

---

[1] Für die wertvollen Anregungen bedanke ich mich bei Martina Burda-Viering und Gesine Hofinger.

2.1 Emotionsdarstellung

2.1.1 Expressive Bewältigungsform als Emotionsdarstellung

Die Bewältigungsforschung und die Selbstdarstellungsforschung haben sich bisher weitgehend getrennt voneinander entwickelt. Ich habe versucht, zwischen beiden Arbeitsgebieten eine Brücke zu schlagen und darzulegen, wie ergiebig es sein kann, Bewältigungsprozesse unter der Selbstdarstellungsperspektive zu betrachten (vgl. Laux, 1986). Dieser Brückenschlag erwies sich nicht als schwierig, weil die "führenden" Theoretiker beider Forschungsgebiete z.T. von gleichen Grundpositionen ausgehen. So bekennen sich sowohl Schlenker (1980) wie Lazarus und Cohen (1978) zu einer transaktionalen bzw. dynamisch-interaktiven Persönlichkeitsauffassung, wonach Person und Umwelt sich gegenseitig beeinflussen (vgl. Kap. 6). Inzwischen hat auch Schlenker (1987) die Gemeinsamkeiten zwischen seiner Selbstdarstellungstheorie und der kognitven Streß- und Bewältigungstheorie von Lazarus herausgearbeitet.

Was für die Bewältigung im allgemeinen gilt, trifft auch für expressive Bewältigungsformen zu: Ihre Darstellungsfunktion ist für die Bewältigungsforschung kein Thema. Der Emotionsausdruck wird in der Bewältigungsforschung vorzugsweise unter dem Gesichtspunkt intraorganismischer Funktionen, besonders der Emotionsregualtion gesehen (vgl. zusammenfassend Scherer & Walbott, 1990 sowie Kap. 1). Nach der sog. Abfuhrhypothese z.B. führt die motorische Entladung beim Ausdrücken der Emotion zu einer Verringerung der Intensität von Emotionen mit negativer Erlebnisqualität (Scherer & Walbott, 1990): Wenn z.B. eine Frau im Rahmen einer ehelichen Auseinandersetzung Ärger empfindet und den Ärger offen ausdrückt, verringert er sich möglicherweise. Dementsprechend ordnen Lazarus und Folkman (1984) den Emotionsausdruck der Funktion der *Emotionsregulation* zu (vgl. Kap. 1). Insgesamt ist die empirische Evidenz für das Vorliegen einer inversen Beziehung zwischen expressivem Verhalten und emotionalem Befinden jedoch nicht befriedigend belegt. Es gibt sogar Ansätze, die das Gegenteil postulieren: Der Abfuhrhypothese entgegen steht die Theorie des propriozeptiven Feedbacks, wonach der motorische Ausdruck die Erregung noch erhöhen kann. Umgekehrt müßte dann ein beherrschter Ausdruck die emotionale Intensität verringern (vgl. Scherer & Walbott, 1990).

Ohne die Bedeutung der Externalisierung von Emotionen für die Modulation der Erregung anzuzweifeln, soll in diesem Buch die *Darstellungsfunktion* der Emotionsbewältigung im Vordergrund stehen: Die sich ärgernde Frau kann den Ärgerausdruck auch als Instrument für die wirkungsvolle Vermittlung von Botschaften an den Verursacher des Ärgers, an ihren Ehemann, nutzen. Mit der Darstellung des Ärgers möchte sie z.B. zeigen, daß sie so nicht mit sich umgehen läßt, daß sie diejenige ist, die das "Sagen" in der Beziehung hat. Oder es könnte ihr darum gehen, ihre Selbstunsicherheit und Verletzbarkeit zu verbergen, ihr beschädigtes Ansehen wiederherzustellen etc.

Das Darstellungsprinzip läßt sich auf alle Formen des Emotionsausdrucks anwenden, also auch auf die kontrollierten Formen des Emotionsausdrucks wie beherrschtes Ausdrücken, Andeuten oder Verbergen. Das Verbergen von Ärger z.B. kann mit der Absicht verknüpft sein, das Bild einer ausgeglichenen Persönlichkeit zu vermitteln, die sich nicht aus der Ruhe bringen läßt (vgl. Kap. 4).

In vielen Auftrittssituationen (z.B. Prüfung, Bewerbung) bemüht man sich um die Kontrolle einer anderen Emotion, der Angst, um den angestrebten Eindruck der Sicherheit und der Kompetenz nicht zu gefährden. Im Rahmen persönlicher Beziehungen kann man dagegen die Angst eher offen ausdrücken: Der Partner soll die bedrohliche Lage erkennen und helfend eingreifen. Die Intensität der erlebten Angst mag in beiden Beispielen gleich groß sein, ihr Ausdruck ist dagegen vollkommen unterschiedlich.

In all den genannten Beispielen wird die Form des Emotionsausdrucks durch *Intentionen* beeinflußt, die sich unter dem Gesichtspunkt der Selbstdarstellung zusammenfassen lassen (siehe ausführlich Abschnitt 2.2). Will man hervorheben, daß die Selbstdarstellung über den Emotionsausdruck erfolgt, läßt sich auch von *Emotionsdarstellung* sprechen (vgl. Laux & Weber, 1990, 1991; Weber & Laux, 1993). Neben dem offenen Ausdrücken der emotionalen Befindlichkeit im Sinne einer Konkordanz von Emotion und Ausdruck bedient sich Emotionsdarstellung aller Formen der Abschwächung, Übertreibung oder qualitativen Modifikation des Emotionsausdrucks. Entscheidend für die Emotionsdarstellung ist allein die Absicht, auf den emotionalen Ausdruck kontrollierend einzuwirken - gleichgültig, ob es sich um den Ausdruck der tatsächlich erlebten (authentischen) Emotion oder um nichtauthentische Ausdrucksvarianten wie z.B. Verstellung oder Täuschung handelt. Denkbar ist dabei, daß eine expressive Reaktion zunächst ohne Darstellungsabsicht abläuft, aber im Stadium des Abklingens oder im nachhinein für Darstellungszwecke instrumentalisiert wird: Ich ärgere mich über meine Partnerin, was auch in meinem spontanen nonverbalen Verhalten zum Ausdruck kommt. Um der Partnerin aber das besondere Ausmaß meiner Gekränktheit zu verdeutlichen, übertreibe ich meinen Ärgerausdruck: Der Ausdruck wird darstellerisch in die Pflicht genommen. Die Emotionsdarstellung kann sich also vorhandener emotionaler Zustände bedienen und ein schon angestoßenes Ausdrucksgeschehen überformen.

Grundsätzlich können alle Formen von Bewältigungsreaktionen in der Absicht der Selbstdarstellung eingesetzt werden - auch die defensiven Formen (vgl. Laux, 1986 sowie Abschnitt 2.2). Wegen ihres besonderen darstellerischen Gehalts werden die expressiven Bewältigungsreaktionen allerdings in diesem Buch bevorzugt behandelt. Dabei gehen wir nicht von einer (künstlichen) Trennung von expressiven, handlungsbezogenen und kognitiven Komponenten aus. Eine Aufspaltung in reine Grunddimensionen würde dem natürlichen Einsatz von Bewältigungsreaktionen widersprechen (vgl. Kap. 1). Expressive Bewältigungsreaktionen sind in der Regel eingebettet in aktionale und intrapsychische Bewältigungsformen. Sie können gemeinsam in selbstdarstellerischer Absicht eingesetzt werden, wie sich z.B. anhand der sog. *Selbstbehinderung* (self-handicapping) veranschaulichen läßt (siehe ausführlich Kap. 5).

2.1.2 Ausdruck und Darstellung

Die Unterscheidung zwischen dem nicht willkürlich beeinflußten und dem intentional gesteuerten Ausdruck wird in der Ausdruckspsychologie mit dem Begriffspaar *Ausdruck* und *Darstellung* erreicht. Gestützt auf ältere deutschsprachige Beiträge haben Mühle und Wellek (1952) folgende Abgrenzung vorgeschlagen:

Ausdruck als Gefühlsausdruck ist immer etwas Vitales, nicht eigentlich Geistiges: in ihm gibt der Ausdrucksträger "sich" in seiner ("inneren") Zuständlichkeit oder Befindlichkeit (nach "außen") kund oder eben "Ausdruck", und dies unmittelbar und unwillkürlich, ohne bewußtes Dazutun. Soweit aber, darüber hinaus, ein - vorbewußtes bis bewußtes - "Leitbild" von der "anschaulichen" Wirkung des mit dem Ausdruck verbundenen Bewegungsgeschehens hinzutritt und regulierend eingreift, wird der Ausdruck zur "Darstellung" oder von Darstellung überformt (S. 111).

Der regulierende Eingriff durch ein Leitbild, eine von der Wirkung her bestimmte Formung unterscheidet demnach Darstellung von Ausdruck (im engeren Sinn). Als ein damit verbundenes Unterscheidungsmerkmal gilt die *Bewußtheit* (siehe Kap. 1). Intentionalität setzt jedoch nicht notwendigerweise Bewußtheit voraus. Bei automatisierter Regulation oder bei starker Erregung (vgl. Averill, 1980) kann nicht bewußte - aber immer noch intentionale - Steuerung des Emotionsausdrucks vorliegen.

Bei dieser strikten Unterscheidung von Ausdruck und Darstellung im Humanbereich sollte man nicht übersehen, daß die emotionsspezifischen Ausdrucksmerkmale schon in der Tierkommunikation eine darstellerische Funktion und strategische Zielsetzung haben (Sommer, 1992). Scherer und Walbott (1990) sprechen explizit auch bei Tieren von "Selbstpräsentation", wenn diese beim Empfänger einen strategisch günstigen Eindruck erzielen wollen:

Im Bereich der Tierkommunikation ist dies von Morton (1977) ausführlich dargestellt worden. Er wies in einer vergleichenden Untersuchung der vokalen Kommunikationsmuster einer Vielzahl von Säugetierarten nach, daß rauh klingende Vokalisationen mit tiefen Frequenzen in aggressiven Auseinandersetzungen benutzt werden, um den Sender größer und stärker und damit bedrohlicher erscheinen zu lassen. Rufe mit relativ hohen Frequenzen werden hingegen benutzt, wenn der Eindruck von Submission oder Hilfebedürftigkeit erweckt werden soll (S. 359).

Die von Morton mitgeteilten emotionsspezifischen Ausdrucksformen legen die Frage nach der Verknüpfung von Emotion und Emotionsausdruck nahe. Sind die jeweiligen Ausdrucksformen mehr oder weniger fest mit der internen Emotion verknüpft? Nach Ekman und Friesen (1978) bestehen feste universelle Zuordnungen zwischen den von ihnen angenommenen Grundemotionen (Ärger, Furcht/Angst, Trauer, Abscheu, Überraschung, Freude/Glück) und spezifischen mimischen Ausdrucksmustern. So weisen z.B. zusammengezogene

Augenbrauen und fest geschlossene Lippen auf Ärger hin; entspannte Stirn und angehobene Mundwunkel sind typisch für Freude. Der Verhaltensökologe Fridlund (1991) dagegen postuliert, daß Emotionen und Emotionsausdruck prinzipiell unabhängig voneinander sind.

Exkurs: Verknüpfung von Emotion und Ausdruck

Die Relation zwischen Emotion und Ausdruck und damit auch die Abgrenzung von Ausdruck und Darstellung erweist sich als ein faszinierendes Thema sowohl der Individualentwicklung als auch der Stammesgeschichte. Fridlund (1991) hat das Problem der Evolution von Emotion und Ausdruck in den Mittelpunkt einer Abhandlung über den Gesichtsausdruck gestellt, wobei er eine ältere klassische Sichtweise mit einer modernen verhaltensökologischen Auffassung, für die er selbst eintritt, kontrastiert: Nach klassischer Auffassung (Ekman, 1984) gibt es fundamentale Emotionen, die mit prototypischen Ausdrucksformen verknüpft sind. Variationen in diesen Ausdrucksformen werden weitgehend durch kulturspezifisches Lernen determiniert. In früher Kindheit liegt noch eine enge Einheit von Gefühl und Ausdruck vor. Im Laufe der Entwicklung lockert sich jedoch die angeborene Gefühl-Ausdrucks-Konkordanz. Es kommt zu einer "Kortikalisierung" des Nervensystems, der Ausdruck wird subtiler, weniger instinktähnlich und stärker sozialisiert. Die Ausdruckserscheinung verselbständigt sich vom ursprünglichen Gefühl, was zu einer freien Verfügbarkeit der Ausdrucksmittel und damit der Möglichkeit der Verstellung führt: Emotionen können maskiert, in ihrem Ausdruck abgeschwächt oder theatralisch übertrieben werden. Trotz großer Anstrengungen, einen bestimmten Eindruck hervorzurufen, kann es aber zum "Durchsickern" von unterdrückten Emotionen kommen. So verrät z.B. ein gespitzter Mund in einem ansonsten unbeweglichen Gesicht den Ärger, den der Betreffende empfindet.

In der "Gegendarstellung" von verhaltensökologischer Warte aus formuliert Fridlund (1991) die Hypothese, daß der Ausdruck weitgehend unabhängig vom emotionalen Zustand ist. Ausdrucksformen werden als soziale Regulatoren aufgefaßt, deren Hauptzweck es sein soll, soziale Begegnungen zu organisieren. Ausdrucksformen sind daher spezifisch in Bezug auf Absicht und Kontext herausselektiert worden und stellen keine Derivate von Ausdrucksprototypen reiner Emotionen dar.

Nach der Auffassung von Fridlund (1991) werden in der Evolution keine Ausdrucksautomatismen beibehalten, die nachteilig für den Sender sind. Unfreiwillige Manifestationen von emotionalen Zuständen wären in der phylogenetischen Entwicklung schnell unterdrückt worden. Daher handelt es sich bei einem gespitzten Mund in einem ansonsten unbeweglichen Gesicht auch nicht um das Durchsickern von Ärger. Vielmehr werden dadurch konfligierende Intentionen angezeigt: das Zeigen von Gleichmut und die Bedrohung des Gegenübers.

Veränderungen im Ausdruck über die Lebensspanne haben laut Fridlund (1991) nichts mit der Sozialisation von Emotionen oder mit der Entkopplung der angeborenen Gefühl-Ausdrucks-Konkordanz zu tun, sondern hängen mit unterschiedlichen Selektionsanforderungen zusammen. Während Erwachsene im Sinne der jeweiligen kontextspezifischen Anpassung subtiles und abwechlungsreiches Ausdrucksverhalten zeigen müssen, kommt es für Kinder primär darauf an, die Aufmerksamkeit der sie betreuenden Erwachsenen zu erregen. Für diese These spricht, daß Kinder in früheren Phasen der Hominidenentwicklung vermutlich um die Zuwendung der Erwachsenen konkurrieren mußten. Das Schreien und Lächeln der Säuglinge sind Manipulationen im Dienste eines sozialen Motivs, des "Wunsches nach Aufmerksamkeit durch die Pflegepersonen". Eine Beziehung zwischen dem Gesichtsausdruck und der empfundenen Emotion beim Säugling wird dabei nicht vorausgesetzt. Möglicherweise - so Fridlund - fehlt ihm sogar die Fähigkeit, Emotionen zu empfinden.

Nach klassischer Auffassung kovariiert die Fähigkeit zur Verstellung und Täuschung mit dem Ausmaß der "Kortikalisierung". Im Gegensatz dazu wird im verhaltensökologischen Ansatz vorausgesetzt, daß auch Organismen mit geringer Enzephalisierung zu Täuschungen in der Lage seien. In der Tat läßt sich zeigen, daß nicht nur Säugetiere, sondern auch Beuteltiere, Vögel, Amphibien, Fische, Insekten, sogar Pflanzen mit sehr speziellen kontextspezifischen Täuschungen ihr Überleben sichern (Fridlund, 1991).

Die These Fridlunds (1991) von der Unabhängigkeit von Emotion und Emotionsausdruck stellt eine extreme Aussage dar. Ebenso einseitig aber ist die tradierte Annahme, daß das extern beobachtbare Ausdrucksverhalten automatisch aus den mit Emotionen verbundenen physiologischen Prozessen resultiert. Eine vermittelnde Position nehmen Scherer und Walbott (1990) ein, die vermuten, daß die besonderen Bedürfnisse der Kommunikation - speziell der Eindruckserzeugung - einen Einfluß auf die Herausbildung bestimmter Ausdrucksmuster hatten:

> Es erscheint denkbar, daß sich im Laufe der Phylogenese durch Veränderung
> der genetischen Programmierung des Ausdruckspotentials eine Anpassung an
> die Erfordernisse der Eindrucksbildung ergeben haben kann (S. 360).

2.1.3 Formen der Emotionskontrolle

In den allgemeinen Bewältigungsinventaren wird die Kontrolle des emotionalen Ausdrucks nur in sehr grober Weise berücksichtigt (vgl. Laux & Weber, 1990). Strebt man eine differenzierte Erfassung der Kontrolle des emotionalen Ausdrucks an, so muß zumindestens zwischen den folgenden Formen unterschieden werden (siehe Burda & Viering, 1989):

Übertreiben: "Ich versuche, dieses Gefühl in übersteigerter Form darzustellen, stärker als es tatsächlich war". *Beherrschtes Ausdrücken*: "Ich versuche, dieses Gefühl beherrscht oder in abgeschwächter Form auszudrücken". *Andeuten*: "Ich versuche, dieses Gefühl nur anzudeuten, z.B. durch meinen Gesichtsausdruck, durch Gesten oder Bemerkungen". *Verbergen*: "Ich versuche, dieses Gefühl zu verbergen und mir nichts anmerken zu lassen". *Unterdrücken*: "Ich will dieses Gefühl nicht wahrhaben und versuche es, zu unterdrücken oder schnell zu vergessen".

In den aufgeführten Beispielen wird ein Gefühl "bearbeitet": Man versucht, es "größer" oder "kleiner" darzustellen. Nullvariante der Verkleinerung ist - im Falle des Gelingens - das verborgene Gefühl, das für den Beobachter nicht erkennbar ist. Beim Unterdrücken geht man noch einen Schritt weiter, indem man das Gefühl auch sich selbst gegenüber nicht zulassen möchte.

Von der Intensitätsvariation läßt sich das qualitative Umgestalten eines Gefühls unterscheiden: *Umwandeln*: "Ich versuche, mein Gefühl umzuwandeln". Davon abzuheben ist der Versuch, ein anderes Gefühl vorzugeben als das, welches man empfindet: *Ausdruck eines anderen Gefühls*: "Ich versuche, ein anderes Gefühl zu zeigen als das, welches ich wirklich empfinde".

Ein drastisches Beispiel für die Darstellung eines Gefühls, das man nicht empfindet, liefern Wortman und Dunkel-Schetter (1979), die bei einigen Krebskranken die folgende Sequenz von Bewältigungsreaktionen feststellten: Um zu vermeiden, daß sich Angehörige und Freunde immer mehr von ihnen abwenden, teilen einige Krebskranke ihren negativen Zustand deutlich oder sogar übertrieben mit, um eben die dringend benötigte Anteilnahme zu provozieren. Da dies den Rückzug der anderen aber eher fördert, geben sie es schließlich auf, ihre Angst und Verzweiflung zum Thema von Gesprächen zu machen. Stattdessen bringen sie zum Ausdruck, wie gut sie sich fühlen und daß sie ihre Krankheit gut bewältigen, was ihnen tatsächlich mit Anteilnahme und Anerkennung honoriert wird. Der Kranke wird somit zu "einem Spieler in dem Drama am Totenbett, dessen Thema der Optimismus ist" (Hackett & Weisman, 1969, S. 304).

Beim "Herauslassen", beim offenen Gefühlsausdruck, wird schließlich auf jede intensitätsmäßige oder qualitative Umgestaltung verzichtet: *Herauslassen*: "Ich ließ dieses Gefühl einfach heraus, zeigte es offen, so wie ich es empfand". Zu unterscheiden ist der offene Gefühlsausdruck vom strategischen Versuch, Emotionen in "roher" Form auszudrücken, damit sie möglichst "echt" und damit überzeugend wirken (vgl. Scherer & Walbott, 1990).

Vergleichbare Unterteilungen findet man in der psychologischen und soziologischen Emotionsforschung. Von Ekman (1972) stammt das Konzept der *Darbietungsregeln* (display rules), die als soziale Normen in Interaktionen eingreifen. Er unterscheidet zwischen vier Formen: *Amplifikation* (verstärkter Ausdruck einer empfundenen Emotion), *De-Amplifikation* (abgeschwächter Ausdruck einer empfundenen Emotion), *Neutralisierung* (Nichtzeigen einer empfundenen Emotion, z.B. beim "Pokerface"), *Maskierung* (Zeigen einer Emotion, die nicht der empfundenen entspricht, z.B. Vortäuschen von Freude bei negativen Emotionen).

Die auf den Interaktionspartner abgestimmte Kontrolle des Emotionsausdrucks ist schon von Wundt (1903) erkannt worden:

Indem der Culturmensch den Ausdruck seiner Affecte nach den Mitmenschen richtet, von denen er sich beobachtet weiß, sucht er mehr und mehr auch Geberden und Mienen dieser Rücksicht anzupassen. Er sucht gewisse Affecte zu verbergen und andere auszudrücken. So sind das conventionelle Lächeln in Gesellschaft und die mancherlei Höflichkeitsgeberden bald moderirte bald übertriebene bald willkürlich fingirte Aeußerungen. Dieser

Einfluss des Willens wird aber in der Regel ohnmächtig, wenn die Gemüths-
bewegung zu hohen Graden anwächst. Auch gelingt es ihm meistens nur das
Innere zu verschleiern, selten es ganz zu verhüllen (S. 285).

Soziale Normen können sich aber nicht nur auf den Gefühlsausdruck, sondern auf das Gefühl selbst richten. Regeln, die festlegen
welches Gefühl in einer bestimmten Situation erwartet wird, nennt
Hochschild (1980) *Gefühlsregeln* (feeling rules). So sagen wir z.B.:
"Ich hatte das Recht, mich über sie zu ärgern" oder jemand beruhigt
uns mit den Worten: "Du solltest Dich nicht schuldig fühlen, es war
nicht Dein Fehler".

Als *Emotionsarbeit* (emotion work) bezeichnet Hochschild (1980,
1990) den Versuch, Emotionen in ihrer Intensität oder Qualität zu
verändern ("Ich baute mich auf" - "Ich strengte mich an, nicht ent-
täuscht zu sein." - "Ich erstickte meine Wut" - "Ich riß mich aus
meiner Depression"). Emotionsarbeit umfaßt auch das Hervorbringen
einer zunächst nicht vorhandenen Emotion. Mit Emotionsarbeit lassen
sich subjektives Empfinden und Gefühlsregeln in Übereinstimmung
bringen. Emotionsarbeit beruht auf drei Techniken: (1) Veränderungen
im kognitiven Bereich (z.B. Imaginieren von Bildern, die das ge-
wünschte Gefühl hervorrufen), (2) Veränderungen im physiologischen
Bereich (z.B. Durchatmen) und (3) Veränderungen im expressiven
Bereich (z.B. Lächeln oder Weinen). Die Techniken der Emotionsarbeit lassen sich als spezielle Bewältigungsformen im Dienste der
Emotionsregulation auffassen (vgl. Gerhards, 1988; Thoits, 1986).

Hochschild (1990) vergleicht die Emotionsarbeit mit dem "deep
acting" in der Schauspielerausbildung der Stanislawski-Schule. Den
Schülern und Schülerinnen wird beigebracht, sich so weit wie möglich in die vorgegebenen Emotionen hineinzuversetzen, um so indirekt
einen überzeugenden Ausdruck zu erzielen. Dabei werden Erfahrungen aus der eigenen Biographie durch Aktivierung des emotionalen
Gedächtnisses lebendig gemacht. Dagegen beschränkt sich die sog.
Englische Schule der Schauspielerausbildung auf das "surface acting".
Angriffsort ist dabei lediglich der Gefühlsausdruck: "Das ist Darstellung, Oberflächenhandeln, die Kunst, hier eine Augenbraue anzu-
heben, dort die Oberlippe zu einem dünnen Strich zusammenzuzie-
hen" (Hochschild, 1990, S. 56). "Surface acting" entspricht der
Selbstdarstellung nach Goffman (1976), der die Metapher einer Theateraufführung benutzt, um unser Verhalten in der Interaktion mit
anderen zu beschreiben.

Darbietungsregeln wie Gefühlsregeln stellen Vorschriften zur Emotionskontrolle dar. Ihre Trennung läßt sich nicht strikt durchhalten, da die erfolgreiche Kontrolle des Gefühls das Ausdrucksverhalten beeinflussen und auch das Ausdrucksverhalten auf das Gefühl einwirken kann (vgl. Kappas & Hess, 1992).

Schon junge Kinder sind in der Lage, ihre Emotionen zu verbergen und zu maskieren und auch zu verändern. Saarni und von Salisch (1993) haben zusammengestellt, wie Kinder Darbietungs- und Gefühlregeln erwerben und wie sie lernen, ihr Ausdrucksverhalten zu kontrollieren. Kinder bevorzugen Ausdrucksverhalten, für das sie belohnt, und sie vermeiden Ausdrucksverhalten, für das sie bestraft wurden (direkte Sozialisationsmethode): So reagieren Väter häufig mit Zurückweisung, wenn ihre Söhne weinen. Zu den indirekten Sozialisationsmethoden gehören Imitation und Identifikation. Auf diesem Wege übernehmen Kinder nicht nur alle Formen der Emotionskontrolle, sondern auch Strategien, sich emotionale Erleichterung zu verschaffen (z.B. durch Essen oder Drogenkonsum).

2.2 Selbstdarstellung

Mit der Einführung des Begriffs Emotionsdarstellung wurde schon auf das größere Rahmenthema *Selbstdarstellung* hingewiesen. Dieser "Selbst"-Bezug macht die Erörterung einiger Grundbegriffe erforderlich.

Hauptthese ist, daß Personen über den Emotionsausdruck versuchen, ihre Interaktionspartner zu beeinflussen. Das, was sie über ihren Emotionsausdruck mitteilen wollen, können in erster Linie Informationen über den aktuellen *Zustand* sein (z.B. beim Übertreiben von Ärger: "Ich wollte ihm zeigen, wie sehr ich mich über sein Verhalten geärgert habe"). Für den sich Ärgernden kommt es darauf an, den Ärger unübersehbar kundzutun, um den Partner zu einer gewünschten Reaktion zu veranlassen. Neben den aktuellen Selbstbildern der Persönlichkeit lassen sich aber auch *dauerhafte* Selbstbilder der eigenen *Persönlichkeit* vermitteln. Es kann sogar die ausgesprochene Absicht sein, über den Emotionsausdruck Persönlichkeitseigenschaften zu kommunizieren (z.B. beim Herauslassen von Ärger: "Ich wollte klarstellen, daß ich ein unabhängiger Mensch bin, der seine Entscheidungen selbst trifft") oder habituelle Dominanzbeziehungen in Partnerschaften unmißverständlich zu verkünden (siehe das folgende nichtfiktive Beispiel).

Claudia und Anton sind in einem Tanzkurs für Fortgeschrittene. Anton hatte eine bestimmte Erweiterung des Foxtrottschrittes nicht genau verstanden und bat Claudia, ihm den Schritt zu zeigen. Sie tanzte ihm den Schritt zwar vor, aber, seiner Meinung nach, viel zu schnell, als daß er hätte folgen können. Claudia ärgerte sich darüber, daß er es immer wieder falsch machte, während Anton ihr vorwarf, sie zeige es ihm nicht richtig. Claudia hatte zunehmend den Eindruck, er stelle sich absichtlich dumm an, um ihr letztendlich zu beweisen, daß sie doch nicht so gut tanzen könne, wie sie selbst meine. Jeder beharrte auf seinem Standpunkt, die Auseinandersetzung wurde schnell ziemlich laut. Jeder machte dem anderen Vorwürfe. Claudia: "Du bist zu doof zum Tanzen". Anton: "Du bist dabei zu schlampig". Anton gab an, daß er die Absicht gehabt habe, Claudia zu zeigen, daß er nicht alles mit sich machen ließe und daß es ihm nicht nur um den Takt des Foxtrotts gegangen sei, sondern, im übertragenen Sinn, eben darum, daß Claudia sich dem Takt anpasse, den er vorgebe. Anton sieht sich auch als den Gewinner des Streits. Claudia ist schließlich zu Anton gegangen, um sich zu versöhnen. Es sei die Regel, daß sie den ersten Schritt tue. Für die Versöhnung gibt es ein Ritual zwischen beiden: Claudia nimmt die Rolle eines kleinen quengeligen Mädchens an und geht in dieser Rolle auf ihn zu. Sie weiß, daß er immer darauf eingeht; er übernimmt die Rolle des strengen und wohlwollenden Vaters, der das Kind gar nicht ernst nehmen kann (Burda & Viering, 1989; Interview 47).

2.2.1 Selbstdarstellung und Eindruckslenkung

Goffman (1976) faßt in seinem Buch "The presentation of self in everyday life" das Selbst als dramatische Wirkung auf:

> Eine richtig inszenierte und gespielte Szene veranlaßt das Publikum, der dargestellten Rolle ein Selbst zuzuschreiben. Aber dieses zugeschriebene Selbst ist das Produkt einer erfolgreichen Szene und nicht ihre Ursache" (Goffman, S. 381).

Goffman benutzt die Metapher einer Theateraufführung, um unser Verhalten in der sozialen Interaktion mit anderen zu beschreiben. Wir verhalten uns wie Schauspieler, die vor einem Publikum eine Rolle spielen, wenn wir durch unsere Selbstdarstellung versuchen, den Eindruck, den andere von uns formen, zu lenken. Die Auffassung ist in ihrer Radikalität nicht zu überbieten, da sozusagen "selbst"-lose Wesen die Szene betreten und erst in der Interaktion mit anderen ihr Selbst geformt wird.

Psychologen haben die Grundidee des Ansatzes von Goffman übernommen, dabei aber drei entscheidende Punkte kritisiert: (a) Der wichtigste ist die Konzentration auf das öffentliche Selbst und damit die Vernachlässigung des privaten Selbst, der Persönlichkeit des Darstellers, (b) die Fixierung auf die unidirektionale Wirkung von sozialen Regeln und Ritualen ohne Berücksichtigung reziproker Interaktionen und (c) die Überbetonung bewußter kalkulierter Taktiken der Eindruckslenkung, was ein "kaltes neues Licht auf das Selbst in Interaktionen" geworfen hat (Scheibe, 1985, S. 56).

In der Rezeption des dramaturgischen Ansatzes wird die schöne Metapher der Theateraufführung oft mit der Realität selbst verwechselt. Die Personen "sind" Schauspieler im alltäglichen Sinn des Wortes. Selbstdarstellung wird dann gleichgesetzt mit "Theater machen", mit äußerlichen, übertriebenen, gekünstelten, theatralischen Verhaltensweisen. Was schwerer wiegt: Tatsächlich haben sich auch psychologische Selbstdarstellungsforscher in ihren Forschungsarbeiten häufiger mit Verstellungen, Täuschungen, Ausreden etc. befaßt als mit der authentischen Darstellung und Interpretation innerer Befindlichkeiten und Eigenschaften. Ein Indiz dafür sind die Sammlungen und Klassifikationen von selbstdarstellerischen Verhaltensweisen, die als "Taktiken" und "Strategien" überschrieben werden.

Als Beispiel sei der Ansatz der *strategischen Selbstdarstellung* von Jones und Pittman (1982) genannt: Als Funktion der strategischen Selbstdarstellung wird die Vergrößerung von Einfluß und Macht angesehen. Die Autoren schließen Gelegenheiten, in denen man sich primär um Integrität und Authentizität bemüht, also um den zutreffenden, subjektiv richtigen Ausdruck von Zuständen und Eigenschaften, explizit aus dem Bereich der Selbstdarstellung aus. Therapiesitzungen, Encounter-Gruppen und intime Beziehungen motivieren uns nach Meinung der Autoren, das "phänomenale Selbst" mit größter Treue (fidelity) zum Original, also mit möglichst geringer Verzerrung, zu porträtieren. Unter phänomenalem Selbst verstehen sie eine Art integriertes Wissen über bisherige Interaktionserfahrungen, Überzeugungen, Werte, Einstellungen und Dispositionen.

Das "Porträtieren des phänomenalen Selbst" ist meiner Auffassung nach aber ebenfalls eine Form der Selbstdarstellung, eben die *authentische* Form: Man möchte sicherstellen, daß Darstellung und phänomenales Selbst kongruent sind. Und authentische wie strategische Selbstdarstellung sollten im gleichen theoretischen Kontext behandelt werden. Dafür spricht besonders das breite Übergangsfeld zwischen beiden Selbstdarstellungsbereichen. Jones und Pittman

(1982) selbst erwähnen, daß Authentizität je nach Publikum und
Kontext variieren kann und daß strategische Selbstdarstellung nicht
notwendigerweise auf Täuschung, Simulation oder überhaupt auf
großer Diskrepanz zum phänomenalen Selbst beruhen müsse. Strategische Selbstdarstellung bezöge sich typischerweise auf selektives
Enthüllen und Weglassen, auf Tönen und Färben von Informationen.
Ein weiteres Argument ist, daß fortgesetzte strategische Selbstdarstellung in authentische übergehen kann (vgl. Kihlstrom und Cantor,
1984).

Die Begriffe *Selbstdarstellung* und *Eindruckslenkung* werden von
einigen Autoren unterschieden: Eindruckslenkung betone eher das
Erzielen eines Eindrucks beim Publikum, während Selbstdarstellung
für den Prozeß der Darstellung beim Akteur stehe. In diesem Buch
werden die beiden Begriffe überwiegend synonym verwendet, nur ge-
legentlich werden die Bedeutungsnuancen ausgenutzt.

2.2.2 Selbstkonzept und Selbstwertgefühl

Das *Selbstkonzept* läßt sich als mentale Repräsentation der eigenen
Person auffassen. Es umschreibt das Wissen darüber, wer man zu sein
glaubt. Das Selbstkonzept muß nicht notwendigerweise als kohärenter,
einheitlicher Kern der Persönlichkeit begriffen werden, wie dies in
einigen Persönlichkeitstheorien der Fall ist. In der heutigen Selbstkon-
zeptforschung wird das Selbstkonzept meist als Sammlung und Verknüpfung situations- und bereichsspezifischer Selbstschemata (Markus
& Nurius, 1986; Markus & Cross, 1990) oder Partialmodelle der
eigenen Person (Filipp, 1985) aufgefaßt, die auch Inkonsistenzen
aufweisen können.

Der *Selbstwert* oder das Selbstwertgefühl umfaßt die affektiven
Urteile einer Person über sich selbst. Das Selbstwertgefühl kann sich
auf einzelne Aspekte des Selbst beziehen, die für Teilbereiche des
Verhaltens stehen, oder auf die Gesamtheit der Bewertungen, die eine
Person über sich abgibt (vgl. Stahlberg, Osnabrügge & Frey, 1985).
Das Selbstwertgefühl ist kein Gefühl im engeren Sinn, sondern stellt
das Ergebnis eines Bewertungsprozesses dar. Allerdings kann die
positive oder negative Beurteilung der eigenen Person positive oder
negative Gefühle hervorrufen.

2.2.3 Selbstbilder

Die Inhalte der Selbstdarstellung sind meist von Teilbereichen des Selbstkonzepts, von den *Selbstbildern* abgeleitet. Selbstbilder sind auf einem mittleren Abstraktionsniveau angesiedelt, können dennoch bei Bedarf zu abstrakteren Konzepten wie dem des Selbstkonzepts verknüpft werden.

Zwei Kategorien von Selbstbildern sind von besonderem Interesse: faktische und potentielle Selbstbilder. Als *faktisch* bezeichne ich diejenigen, die aus subjektiver Sicht empirisch "abgesichert" sind. Sie beinhalten Merkmale, die man sich aufgrund von Erfahrungen zuschreibt, z.B. Kompetenz, Freundlichkeit, Unsicherheit. Solche Selbstbilder stellen Kondensate bisheriger Erlebnisse in bestimmten Situationen dar, in denen man gehandelt, sich dargestellt, Leistungen vollbracht hat etc. (vgl. Snyder, Higgins & Stucky, 1983). In faktischen Selbstbildern sind Informationen aus sozialer Rückmeldung verarbeitet. Zentrale Selbstbilder, die bedeutsame Identitätsdimensionen beinhalten, entsprechen den *Selbstschemata* von Markus (1977). Sie versteht darunter kognitive Generalisierungen, die aus Erfahrungen abgeleitet sind und die die Verarbeitung selbstbezogener Information steuern.

Von den durch Erfahrung abgesicherten müssen die *potentiellen*, bloß möglichen Selbstbilder unterschieden werden (possible selves nach Markus & Nurius, 1986). Dazu gehören die idealen Selbstbilder, die wir anstreben (erfolgreiches, fähiges, geliebtes Selbst), aber auch diejenigen, vor denen wir uns fürchten (vereinsamtes, depressives, unfähiges Selbst). Potentielle Selbstbilder haben Hoffnungen und Befürchtungen zum Inhalt und stehen damit vor allem für den dynamischen und variablen Teil des Selbstkonzepts. Sie können gleichzeitig aber auch Ausdruck von Kontinuität sein, wenn die Hoffnungen und Befürchtungen überdauern (Markus, 1977).

2.2.4 Adressaten der Selbstdarstellung

Externes Publikum: Mit Selbstdarstellung versuchen wir, bei einem Adressaten ein bestimmtes Bild der eigenen Person hervorzurufen, also den Eindruck zu steuern, den wir auf andere ausüben. Mit der Vermittlung solcher Selbstbilder nehmen wir Einfluß darauf, wie uns die Interaktionspartner wahrnehmen und behandeln. Damit beeinflussen wir oft auch, wie wir uns selbst sehen. Nach klassischen

Ansätzen der Selbstdarstellungsforschung projizieren wir Selbstbilder gegenüber einem real vorhandenen oder bloß vorgestelltem externen Publikum. Tatsächlich sprechen einige Autoren nur dann von Selbstdarstellung, wenn in einer öffentlichen Situation einem externen Publikum gegenüber Selbstbilder vermittelt werden. Interaktionen zwischen Freunden, Familienmitgliedern, Verliebten etc. werden von der Eindruckslenkung ausgenommen (z.B. Buss & Briggs, 1984). Der "Ausdruck des Selbst" in engen Beziehungen wird dann fast zum positiven Gegenstück von "Selbstdarstellung". Diese Gegenüberstellung halte ich für verfehlt. Sie orientiert sich an dem klassischen soziologischen Selbstdarstellungsbegriff von Goffman (1976) und stellt das Individualitätsmodell dem Selbstdarstellungsmodell gegenüber. Selbstdarstellung beschränkt sich eben nicht auf öffentliche Auftrittssituationen, sie prägt auch entscheidend das Verhalten in intimen Beziehungen.

Imaginiertes Publikum: Selbstdarstellung kann nicht nur gegenüber realen Bezugspersonen erfolgen, sondern auch gegenüber bloß vorgestellten Interaktionspartnern. Angst als klassische antizipatorische Emotion wird oft allein durch die Vorstellung eines Publikums ausgelöst (siehe Kap. 5).

Internes Publikum: Die Darstellung kann sich sogar primär an das *eigene Selbst*, damit an ein inneres Publikum richten (self-as-audience, Schlenker, 1986; Greenwald & Beckler, 1985). Ein literarisches Beispiel läßt sich dem Pyrenäenbuch von Tucholsky (1962, S. 49)[2] entnehmen. Beim Hochklettern eines Abhangs fragt sich der Erzähler:

> Vor wem spielt man eigentlich so ein Theater, wenn man allein ist? Immer wenn ich haarscharf am Hinunterrollen war, machte ich ein energisches und männliches Gesicht: Nur ruhig - nur ruhig - es wird ja gehen!

Selbst wenn Adressaten tatsächlich vorhanden sind, kann es sich primär um einen Selbstdialog handeln. Auf den ersten Blick mag z.B. eine konfrontative Ärgerreaktion auf den Partner zielen. Die zugrundeliegende Intention ("Ich wollte mir selbst beweisen, daß ich mich durchsetzen kann") bezieht sich jedoch auf den "internen Adressaten". Häufig berücksichtigt man aber bei seiner Selbstdarstellung interne

---

[2] Für den Hinweis auf dieses Beispiel bedanke ich mich bei Hannelore Weber.

und externe Adressaten gleichzeitig oder wechselt schnell zwischen dem externen und dem internen Publikum hin und her (siehe das Modell der *Ausrede* von Snyder et al., 1983). Der Versuch, sich als durchsetzungsfähig, gerecht, ausgeglichen etc. zu beschreiben, richtet sich dann sowohl an den Partner als auch an das eigene Selbst. Modelle der Autokommunikation gehen sogar davon aus, daß jede beliebige Botschaft an die Außenwelt auch als "für mich gedacht" interpretiert werden kann. Jede Aussage ist daher auch eine "Einsage" (zusammenfassend Neuberger, 1985).

2.3 Grundintentionen für die Selbstdarstellung

Emotionsdarstellung wie Selbstdarstellung im allgemeinen fassen wir nicht als Endziel auf, sondern als Mittel zur Erreichung von Regulationszielen (vgl. Kap. 1). Zentrale Bedeutung kommt der Selbstregulation und der Regulation von Interaktionen/Beziehungen zu. Die Selbstdarstellung kann sich bei beiden Regulationszielen auf ein externes Publikum richten. Während es jedoch bei der Regulation der Interaktion primär um die Beeinflussung anderer Personen geht, steht bei der Selbstregulation der Ausdruck und die Gestaltung des eigenen Selbst im Vordergrund, das aber gleichfalls externer Adressaten bedarf. Die Prämisse ist, daß die Regulation des Selbst in erheblichem Maße sozial bedingt ist. Kriterium für den Erfolg der Selbstdarstellung ist dabei weniger, bei anderen "anzukommen", als den "Selbst"-Ansprüchen zu genügen. Die Trennung zwischen selbst- und interaktionszentrierten Selbstdarstellungen ist konzeptuell sinnvoll, obwohl in der "Praxis" der Selbstdarstellung beide Formen meist verwoben sind.

2.3.1 Selbstregulation

Die Regulation des Selbst umfaßt *Selbstkonzept* und *Selbstwert*. Die Wiederherstellung, der Schutz, die Beibehaltung oder die Erweiterung von einzelnen Teilen des Selbstkonzepts oder des Selbstwertgefühls sind bedeutsame Ziele, für die Selbstdarstellung eingesetzt werden kann.

2.3.1.1 Bedürfnis nach Selbstkongruenz und Selbstkonsistenz

Im Gegensatz zum vorherrschenden Verständnis von Selbstdarstellung soll hier von einem Grundbedürfnis ausgegangen werden, sich so darzustellen, Eindrücke so zu lenken, daß die Interaktionspartner einen möglichst so wahrnehmen, wie man sich selbst sieht (vgl. zusammenfassend Leary & Kowalski, 1990). Die Annahme, daß Personen versuchen, sich ihrem Selbstkonzept oder einzelnen Selbstbildern entsprechend zu verhalten, ist nicht neu. Die Kongruenz zwischen Selbstkonzept und Verhalten bzw. zwischen innerem Gefühl und Gefühlsausdruck gilt in der humanistischen Psychologie als Merkmal für psychische Gesundheit. Entsprechende Ansätze sind mit den Begriffen Selbstenthüllung und transparentes Selbst (Jourard, 1971; Spitznagel & Schmidt-Atzert, 1986) sowie Selbstöffnung (Tausch & Tausch, 1990) oder Echtheit (Rogers, 1980) verbunden. Zusammenfassend läßt sich von *Selbstkongruenz* sprechen. Wird vor allem die Kontinuität betont, also das Bestreben, dauerhafte Einschätzungen über sich selbst aufrechtzuerhalten, bieten sich die Begriffe *personale Kontinuität* oder *Selbstkonsistenz* an (vgl. Filipp & Frey, 1988).

Die Empfehlungen von Vertretern der Gesprächspsychotherapie zielen speziell auf den Umgang mit Emotionen in belastenden Situationen ab: Eigene Gefühle wie Wut, Ärger, Angst, Hilflosigkeit etc. sollen den Interaktionspartnern gegenüber nicht zur Wahrung einer Fassade verborgen, sondern mitgeteilt werden. Dies gilt in besonderem Maße für den Gesprächstherapeuten selbst, der auch seinen negativen Regungen dem Klienten gegenüber Ausdruck verleihen soll. Wie Rogers (1980, S. 485) aber hervorhebt, ist damit nicht gemeint, "... daß der Therapeut mit allem, was sich gerade in ihm regt, impulsiv herausplatzt". Also bedeutet Echtheit im Sinne der Gesprächspsychotherapie nicht ungebremstes Herauslassen von Emotionen. Es geht vielmehr um eine rücksichtsvolle Gestaltung des Emotionsausdrucks, die damit ebenso intentional wie - zumindest zu Beginn der Ausbildung - auch bewußt ist. Daher kann man auch hier von Emotionsdarstellung sprechen.

Als hinderlich für die begriffliche Fassung des Versuchs, Emotionen möglichst "originalgetreu" zum Ausdruck zu bringen, erweist sich die Terminologie. Authentische Selbstdarstellung mag mancher als Widerspruch in sich empfinden: Während der psychologische Begriff der "Selbstdarstellung" alle Formen der Eindruckslenkung - vom Ausdruck "wahrer" innerer Befindlichkeiten bis hin zu Täuschungen und Verstellungen - umfaßt, ist der Begriff in der Alltagssprache oft negativ besetzt: Seine Bedeutungssphäre umfaßt vor allem übertriebenes, eitles und unechtes Verhalten. So wird in der einschlägigen Literatur zum Thema "persönliche Beziehungen" eben lieber von *Selbstenthüllung* oder vom *Ausdruck selbstrelevanter Gefühle* gesprochen.

2.3.1.2 Selbstwertmaximierung

Viele neuere Ansätze der Selbstdarstellungsforschung basieren auf dem Prinzip der *Selbstwertmaximierung*, d.h. sie gehen von einem grundlegenden Bedürfnis aus, das eigene Selbstwertgefühl zu schützen und zu erhöhen (vgl. Stahlberg, Osnabrügge & Frey, 1985). Dieses Bedürfnis soll um so stärker sein, je niedriger das aktuelle Selbstwertgefühl einer Person ist.

Um ihr Selbstwertgefühl zu schützen oder zu erhöhen, setzen Personen verschiedene expressive Bewältigungsstrategien ein. Wenn jemand z.B. seine Verletzbarkeit verbergen will, kann er versuchen, die in seinen Augen verräterische ängstliche Erregung nicht sichtbar werden zu lassen. Er wird also Formen des Verbergens oder Unterdrückens von Angst favorisieren und den offenen Ausdruck eher meiden. Denkbar ist auch das Gegenteil: der offene Ausdruck der Angst. Es kommt vor - wenn auch nicht sehr häufig -, daß Studenten und Studentinnen beim Vortragen eines Referats auf ihre Angst aufmerksam machen und ihre zitternde Stimme, ihre hektischen Flecken im Gesicht explizit mitteilen. Dieses "mutige" Bekenntnis der Angst kann eine Erhöhung des Selbstwertes und langfristig eine Angstreduktion bewirken. Davon zu unterscheiden ist der Versuch, das Publikum durch die Angstmitteilung milde zu stimmen oder die erwartete schlechte Leistung zu erklären (vgl. Kap. 5).

Eine ursprünglich als Selbstwertschutz intendierte Emotionsdarstellung kann auch überschießen in eine Erhöhung des Selbstwertes: Ich reagiere mit einer heftigen Ärgerreaktion, um meine Unsicherheit, meine negativen Eigenschaften zu verbergen etc., kurzum meinen Selbstwert zu schützen. Die Demonstration ist wider Erwarten überzeugend. Sie wird von meinem Gegenüber als Ausdruck von Bestimmtheit und Überlegenheit interpretiert. Noch etwas verblüfft akzeptiere ich mein neues Ansehen und bin stolz auf mich.

Defensive Bewältigungsformen können ebenfalls als Variante der Selbstdarstellung interpretiert werden, deren Hauptintention der Selbstschutz ist (vgl. Kap. 1). Dies läßt sich verdeutlichen an Hand der Subskalen des Streßverarbeitungsfragebogens (SVF) von Janke, Erdmann & Kallus (1985), der eine beträchtliche Anzahl defensiver Bewältigungsformen enthält. Dabei sei daran erinnert, daß der Adressat der Darstellung sowohl der Interaktionspartner als auch das eigene Selbst sein kann. Das Selbst als "Publikum" wird durch die "sage ich mir, ..."-Formulierung mancher Items im SVF direkt angesprochen.

Bei der SVF-Dimension *Herunterspielen durch Vergleich mit anderen* wertet man andere ab, um den eigenen Selbstwert, der bedroht wurde, zu schützen ("... bin ich froh, daß ich nicht so empfindlich bin wie andere"). Bei optimaler Wirkung dieser Strategie kann sich dabei ein fließender Übergang zu einer Selbstwerterhöhung ergeben. Leicht fällt die Neuinterpretation auch bei der Dimension *Suche nach Selbstbestätigung*. Die Mitteilung des positiven Selbstbildes anderen gegenüber läßt sich aus folgendem SVF-Itembeispiel unmittelbar ablesen: "... bringe ich meine guten Eigenschaften zur Geltung". Die SVF-Bewältigungsform der *Resignation* ("... neige ich dazu, schnell aufzugeben" oder "... bin ich deprimiert") kann gleichfalls dazu dienen, die Wahrnehmungen und Handlungen anderer Personen zu beeinflussen, etwa im Hinblick darauf, daß diese Personen einem möglicherweise die Konfrontation mit bedrohlichen Lebensbereichen ersparen (vgl. Snyder et al., 1983).

Auch die im SVF aufgeführte Strategie der *Schuldabwehr* ("... denke ich, ich habe die Situation nicht zu verantworten") erweist sich als direkte Selbstschutzstrategie. Es geht um den Versuch, ein Selbstbild, das bedroht wurde oder bereits beeinträchtigt ist, durch Abstreiten der Verantwortlichkeit für die Streß-Situation zu schützen. In den Selbstdarstellungsansätzen wird die Auseinandersetzung mit der Verantwortlichkeit für problematische Situationen in mehrere defensive Einzelstrategien aufgespalten, die von der Herabsetzung der Eigenverantwortlichkeit (Entschuldigungen) bis hin zu Eingeständnissen reichen (Tedeschi & Norman, 1985). Zu diesem Themenbereich gehört auch das Modell der *Ausreden*, das Snyder et al. (1983) von selbstwerttheoretischer Position aus entworfen haben.

Als Fazit ergibt sich, daß bei den aufgeführten defensiven Bewältigungsformen das Ziel ihres Einsatzes darin bestehen kann, bestimmte Bilder der eigenen Person zu vermitteln, mit denen das Selbstwertgefühl geschützt werden soll. Gelingt dieser Selbstwertschutz, ist also der Selbstwert nicht länger bedroht oder beeinträchtigt, kommt es zur Verringerung der emotionalen Reaktion.

2.3.1.3 Selbstidealisierung

Bei der authentischen Selbstdarstellung geht es um die "rechtschaffene" Vermittlung von Selbstqualitäten, in deren "Besitz" sich der Darsteller weiß. Er kann sich bei seiner Darstellung aber auch am Idealselbst orientieren, also potentielle, nicht faktische Selbstbilder zum Ausdruck bringen. Selbst wenn diese Selbstbilder lediglich angestrebte Rollen beinhalten, mag man sie im Vergleich zu den erfahrungsgestützten faktischen Selbstbildern als "authentischer" bewerten: Die Rolle, die wir zu erfüllen trachten, ist nach Park (1950) unser wahres Selbst, das Selbst, das wir sein möchten.

Ein Beispiel ist die absichtliche Vermittlung eines Selbstbildes der Kompetenz und Sicherheit, die dem tatsächlichen Selbstbild des Darstellers nicht entspricht. Eine sozial ängstliche Person kann z.B. versuchen, die empfundene Angst und Unsicherheit in einer Auftrittssituation nicht für andere sichtbar werden zu lassen, indem sie den Emotionsausdruck stark kontrolliert und so tut, als ob sie selbstsicher wäre. Wenn diese Form einer idealbildgestützten, pointiert nicht selbstkongruenten Darstellung einigermaßen gelingt und häufig angewandt wird, sind Erweiterungen des Selbstkonzepts in Richtung auf größere Selbstsicherheit und Kompetenz wahrscheinlich verbunden mit entsprechenden Selbstwerterhöhungen. Laux (1986) hat daher vorgeschlagen, von einer Bewältigungsstrategie der Extension des Selbstkonzeptes oder kürzer der *Selbstextension* zu sprechen. Daß Personen die Rollen "werden" können, die sie spielen, ist Grundgedanke eines dramaturgischen Verfahrens, der "Fixed Role Therapy" von Kelly (1955). Rollenspiele werden auch jenseits therapeutischer Interventionen spontan von Personen zur Bewältigung sozialer Streß-Situationen eingesetzt, denen der "als ob"-Charakter ihres Verhaltens häufig durchaus bewußt ist (Hochschild, 1980; Thoits, 1986).

Ist das Idealbild aber allzu weit von den Möglichkeiten des Realselbst entfernt, läßt sich mit Horney (1991) vom *idealisierten Ebenbild* als einer neurotischen Erscheinungsform sprechen. Das Interesse des Neurotikers besteht darin, sich selbst davon zu überzeugen, "... daß er tatsächlich der allen überlegene Geist und das auserlesene Menschenwesen *ist* und daß sogar seine Fehler großartig sind" (Horney, 1991, S. 82).

Von Schlenker (1985), der sich um eine Überwindung des Gegensatzes von Selbstkongruenz- und Selbstwertmotiven bemüht, stammt die Konzeption der *erwünschten Identitätsbilder*. Solche Bilder beziehen sich auf das, was ein Individuum sein möchte, im besten Fall

aber auch tatsächlich sein kann. Sein Ansatz setzt damit dem Streben
nach Erreichen des Idealselbst "irdische" Grenzen, da er explizit die
Ausstattung der Persönlichkeit einbezieht. Nach Schlenker neigen
Personen dazu, Selbstbilder zu vermitteln, die einerseits den Selbstwert möglichst erhöhen, andererseits möglichst glaubwürdig sind. Es
wird demnach versucht ein Gleichgewicht zwischen dem Bedürfnis
nach *Selbstkongruenz* und *Selbstwertmaximierung* anzustreben - ein
wahrhaft salomonisches Prinzip, mit dem sich auch Emotionsdarstel-
lungen in Streß-Situationen analysieren lassen:

Jemand mag versuchen, trotz intensiv erlebter Streßemotionen den
Eindruck von Ruhe und Überlegenheit hervorzurufen (=Selbstwert-
erhöhung). Die Orientierung an solch einem Idealbild geht aber nicht
so weit, daß er den Streßzustand den nahen Interaktionspartnern
gegenüber ganz verbergen möchte. Es kommt für ihn auch darauf an,
seinen inneren Zustand, so wie er ihn erlebt, auszudrücken (=Selbst-
kongruenz). Aus den einander widersprechenden Tendenzen resultiert
eine Emotionsdarstellung in Form eines beherrscht-zurückgenom-
menen Emotionsausdrucks.

2.3.2 Interaktionsregulation

Bei der Regulation von Interaktionen als Ziel der Selbstdarstellung
steht der externe Adressat im Mittelpunkt. Es geht darum, beim
Adressaten einen erwünschten Effekt zu erreichen. Dazu eignet sich
in besonderer Weise die Darstellung von Emotionen: Der jeweilige
Emotionsausdruck kann in hohem Maße zur Gestaltung der sozialen
Beziehung beitragen (Scherer & Walbott, 1990) und beim anderen
selbst Emotionen hervorrufen (vgl. Vester, 1991).

2.3.2.1 Effekt- und Eindrucksintentionen

Emotionsdarstellung als Mittel der Regulation von Interaktionen war
Thema einer exploratorischen Untersuchung aus unserem Arbeits-
bereich. Es ging um die Bewältigung negativer Emotionen in der
Partnerschaft (vgl. Burda & Viering, 1989). Insgesamt 51 Paare
wurden ausführlich über die Bewältigung ihrer Emotionen in Situationen befragt, in denen eine konflikthafte Auseinandersetzung zwischen
den beiden Partnern stattgefunden hatte. Neben den Emotionen und
den von ihnen initiierten Formen der Emotionsbewältigung wurde

auch erfaßt, was der Partner/die Partnerin mit ihren Bewältigungsreaktionen erreichen wollten (Bewältigungsintentionen). Unter den
vorgegebenen Anworten befanden sich auch offene Intentionsitems.
Damit konnten die Partner ihre Bewältigungsabsichten mit ihren
eigenen Worten beschreiben. Für unser Thema hier ist das offene
Intentionsitem "Ich wollte beim Partner ein bestimmtes Verhalten
oder bestimmte Gefühle auslösen ..." besonders wichtig, weil es den
durch Selbstdarstellung intendierten *Effekt* beim Partner anspricht. In
Tab. 2.1 sind die inhaltsanalytisch bestimmten Kategorien der freien
Antworten zusammengefaßt. Unter den weit gefächerten Absichten
finden sich auch solche, die primär auf die Schädigung des Partners
ausgerichtet sind, aber auch andere, die emotionales Entgegenkommen
signalisieren. Im besten Fall bleibt Selbstdarstellung somit nicht auf
das Verfolgen eigener "egozentrischer" Interessen fixiert: Sie kann
auch eingesetzt werden, um der Partnerin beim Bewältigen zu helfen.
Der Partnerin soll es besser gehen, sie soll sich verstanden fühlen
(vgl. Oldendörp & Pecher, 1989; Schlenker & Weigold, 1992).

Ein zweites offenes Absichtsitem hatte das Hervorrufen eines bestimmten *Eindrucks* zum Inhalt: "Ich wollte dem Partner zeigen, daß
ich ..." (vgl. Tab 2.1). Hier geht es also um die Mitteilung und Demonstration von negativ oder positiv getönten Gefühlszuständen.
Einen weiteren Block bilden Mitteilung und Demonstration von
Kompromißbereitschaft, Bereitschaft zum Einlenken, aber auch von
konfrontativer Selbstbehauptung und Beharren auf eigenen Rechten.
Beiden Gruppen von Intentionen, den eindrucks- und den effektbezogenen, lassen sich weitere Intentionen zuordnen, die in der Untersuchung von Burda und Viering (1989) den Paaren zusätzlich in Form
nicht-offener Items vorgelegt wurden. Zu den eindrucksbezogenen
Selbstdarstellungsintentionen gehören u.a.: Zeigen von Stärke und
Überlegenheit; Verbergen meiner negativen Eigenschaften; Zeigen,
daß ich Hilfe benötige. Zu den effektbezogenen Selbstdarstellungsintentionen zählen u.a. Versöhnen mit dem Partner; Verletzen des
Partners; Rache an dem Partner.

Tab. 2.1　Effekt- und Eindrucksintentionen

Effektintentionen
... beim Partner ein bestimmtes Verhalten oder bestimmte Gefühle auslösen
Partner soll: - Schuldeingeständnis geben, Einsicht zeigen; mir Recht geben; Reue, Schuldgefühle empfinden - in Auseinandersetzung einsteigen involviert sein, Stellung beziehen, Gefühle zeigen, über sein Verhalten nachdenken - bei der Konfliktlösung/-beendigung mir entgegenkommen, einlenken, Verständnis haben - sich besser fühlen, sich beruhigen, sich verstanden fühlen - sich schlecht fühlen, negative Emotionen empfinden
Eindrucksintentionen
... dem Partner zeigen, daß ich
- wütend, ärgerlich, enttäuscht, unzufrieden bin - mich schlecht fühle, nicht gut drauf bin - ein Bedürfnis nach Nähe habe - bereit bin, einzulenken - auf meinen eigenen Rechten beharre

2.3.2.2 Intentionen im Prozeß der Interaktionsregulation

Eindruckszentrierte Absichten und solche, die unmittelbar auf den Effekt gerichtet sind, ergänzen sich gegenseitig (vgl. Abb. 2.1): Mit Hilfe des Eindrucks, den meine Emotionsdarstellung hervorrufen soll, appelliere ich an den Partner und steuere seine Wahrnehmung. Der vom Partner wahrgenommene Eindruck wiederum ist die Basis für die Reaktionen, die ich von ihm erwarte: Der Partner soll mich als Person mit bestimmten Merkmalen wahrnehmen (z.B. als hilfsbedürftig). Dies verlangt eine spezifische Emotionsdarstellung.

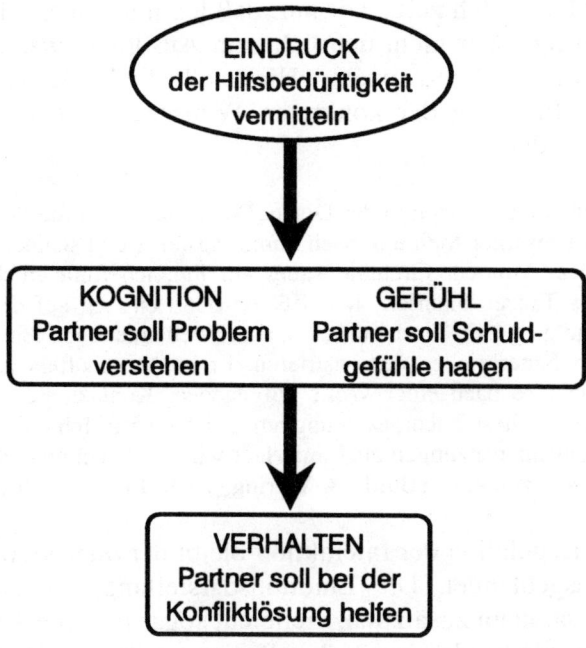

Abb. 2.1 Eindrucks- und Effektintentionen

Wird dadurch der "richtige" Eindruck beim Partner erzeugt, läßt sich annehmen, daß er die von mir erwünschten Effekte zeigt. Dazu gehören kognitive Veränderungen (z.B. Partner soll das Problem verstehen, Einsicht haben) und emotionale Reaktionen (z.B. Partner soll Schuldgefühle haben). Beide Veränderungen bewegen ihn hoffentlich zu dem von mir intendierten Verhalten (z.B. Hilfe bei der Konfliktlösung).

Eindrucks- und effektbezogene Intentionen müssen nicht immer eng aufeinander bezogen sein, wie die idealtypische Darstellung in Abb. 2.1 suggeriert. Partner A kann ein Interesse daran haben, Partner B zunächst einmal nur den emotionalen Zustand zu vermitteln. In der "Dramaturgie" der Auseinandersetzung soll für den Partner, der "am Zuge" ist, eine besonders schwierige Situation geschaffen werden nach dem Motto: "Ich zeige Dir nur, daß ich mich über Dich geärgert habe. Ich bringe aber nicht deutlich zum Ausdruck, was ich von Dir erwarte. Ich lasse Dich zappeln." Hier stellt die bloße Affektvermittlung ohne Mitteilung der konkreten Wünsche an den Partner eine Verschärfung dar.

> Sonja und Dieter tanzten in der Disko. Beim Tanzen wurde Sonja ärgerlich, da sich Dieter ihrer Meinung nach dumm anstellte und schlecht tanzte: "Ich war in dem Moment furchtbar sauer auf ihn; ich fühle mich durch sein schlechtes Tanzen blamiert. Ich ließ ihn dann einfach auf der Tanzfläche stehen und ging zum Tisch zurück. Danach behandelte ich ihn wie Luft, um ihm mein Sauersein zu demonstrieren. Er hat dann öfters zu mir hingeschaut, aber es nach einer Weile aufgegeben, Kontakt aufzunehmen. Ich weiß, daß ihn diese Nichtbeachtung am meisten trifft. Ich möchte, daß er in den Auseinandersetzungen auch mal laut wird und schimpft, anstatt immer ruhig alles anzuhören" (Burda & Viering, 1989; Interview 46).

Bei der Regulation der Interaktion bleibt der *interne Adressat* keineswegs ausgeblendet. Die Emotionsdarstellung, die sich an den Partner richtet, kann zusätzlich, vielleicht sogar in erster Linie auf das Hervorrufen von Eindrücken sich selbst gegenüber abzielen. Mit dem offenen Absichtsitem "mir selbst beweisen, daß ich ..." wurden u.a. folgende Antworten ermittelt: sich durchsetzen, sich selbst behaupten, sich nicht unterbuttern lassen, nicht schuldig sein, im Recht sein - Antworten, die ausnahmslos dem Bereich "Dominanz und Selbstbehauptung" zuzuordnen sind.

In diesem Prozeß der Partnerbeeinflussung sind die Intentionen primäre Determinanten der Emotionsdarstellung bzw. der expressiven Bewältigungsreaktionen. Dies ergab sich bereits in der explorativen Untersuchung von Burda und Viering (1989), in der die jeweiligen Intentionen charakteristische Bewältigungsreaktionen nach sich zogen: Beherrschtes Ausdrücken und Andeuten dienten eher als die offen-expressiven Formen der Schaffung emotionaler Nähe und somit der Konfliktbereinigung und Wiederherstellung von Harmonie zwischen den Partnern. Demgegenüber wurden die offen-expressiven Reaktionsweisen im Vergleich zu den verhaltenen Formen häufiger eingesetzt, um dem Partner Stärke und Überlegenheit, aber auch um sich selbst gegenüber Dominanz und Selbstbehauptung zu demonstrieren.

2.3.3 Selbst- und Interaktionsregulation im Sport

In einem ganz anderen Lebensbereich, dem des Sports, spielt Emotionsdarstellung als Mittel der Selbst- und Interaktionsregulation ebenfalls eine vorherrschende Rolle. Hindel und Krohne (1987) machen auf Selbstdarstellungstechniken beim Tischtennisspielen aufmerksam. Beispielsweise wird von den Spielern versucht, dem Gegner die eigentliche emotionale Anspannung nicht zu zeigen: "Ich lächle meinen Gegner an, um ihm zu zeigen, daß es mir nichts ausgemacht hat" (S. 44). Hackfort und Schlattman (1991) zitieren Toni Schuhmacher, der aus der Sicht eines Torwarts zur Bedeutung der Emotionspräsentation Stellung nimmt:

> Ganz wichtig ist es auch, die gegnerischen Stürmer einzuschüchtern. (...) Rein von der Optik her fürchtet ein Feldspieler einen kleinen Torwart weniger. Also muß Respekt geschaffen werden, unter Einsatz aller verfügbaren Mittel: Muskeln, angriffslustige Mimik, ein brutaler Blick. Der Angreifer soll Angst bekommen (S. 151).

Hackfort und Schlattmann (1991) haben eine eigene Untersuchung über Funktionen der Emotionspräsentation beim sportlichen Handeln durchgeführt. Ihre Ergebnisse an 25 Athleten aus den Sportarten Boxen, Ringen, Schießen, Tennis und Volleyball belegen, daß mit dem Zeigen bzw. mit dem Nicht-Zeigen von Emotionen sowohl "selbstregulative" als auch "sozialregulative" Absichten verbunden sind. Ein Beispiel für die selbstregulative Bedeutung der Emotionspräsentation ist das Demonstrieren von Selbstsicherheit, um Gefühle der Angst und Unsicherheit zu kontrollieren. Die sozialregulative Bedeutung veranschaulichen die folgenden Beispiele:

- Keine Emotion zu zeigen wird benutzt, um Informationen zu verbergen oder den Gegner zu irritieren.
- Indem man Emotionen zeigt, versucht man, Mitspieler zu motivieren und zu höherer Anstrengung anzuregen oder den Gegner zu demotivieren und dazu zu veranlassen, sich weniger anzustrengen.
- Das Zeigen von Emotionen hat manchmal auch die Funktion, Mitleid und unterstützendes Verhalten zu induzieren (S. 166).

Die Aussagen von Hackfort und Schlattmann belegen, daß nicht nur tatsächlich erlebte, sondern auch nicht vorhandene Emotionen gezeigt werden. So berichteten die Athleten häufig, daß sie Angst vor dem Wettkampf hätten, aber Gelassenheit und Zuversicht zum Ausdruck bringen würden, um den Gegner zu täuschen sowie Trainer und Mitspieler zu beruhigen. Die Darstellung des positiven Gefühls hat für die Spieler selbst die Funktion der Reduktion von Angst und des Aufbaus des positiven Gefühls. Die Schlußfolgerung der Autoren lautet daher, daß das Zeigen und Nicht-Zeigen von Emotionen letztlich auch eine Möglichkeit der Emotionskontrolle darstellt.

2.3.4 Mehrintentionalität von Selbstdarstellung

Selbstdarstellung wird von uns als Mittel der Verwirklichung grundlegender Intentionen konzipiert. Jede Form der Emotionsdarstellung kann vorrangig im Dienste von nur einer Grundintention stehen. Am häufigsten ist jedoch der Fall, daß eine Form der Emotionsdarstellung von mehreren Grundintentionen gespeist wird. Als Beispiel sei auf die Beschreibung einer spezifischen Gruppe von Krebskranken zurückgegriffen (vgl. Abschnitt 2.1.3), deren Bewältigungsstil wir hier folgendermaßen interpretieren: Wenn der Kranke "abschreckende" negative Gefühle wie Angst und Verzweiflung für sich behält und Wohlbefinden vorgibt, läßt sich dies das als eine spezifische Form der Emotionsdarstellung auffassen. Was will er damit erreichen? Er will durch sein Einwirken auf Angehörige und Freunde Zuneigung erhalten (Interaktionsregulation) und damit die soziale Isolation überwinden (Situationsregulation). Mit der Zuwendung der anderen versucht er sich selbst zu bestätigen, daß er noch liebenswert und attraktiv ist (Selbstregulation), was eine Abnahme des negativ getönten Emotionszustands bewirken könnte (Emotionsregulation).

Das Beispiel macht deutlich, daß ein und dieselbe Form der Emotionsdarstellung multiintentionaler Natur sein kann, also mit dem Anstreben mehrerer übergeordneter Zielsetzungen verbunden ist. Es zeigt auch, wie im Prozeß der Emotionsbewältigung die Grundintentionen miteinander verknüpft sind und Muster von Zwischen- und Endzielen bilden.

Literatur

Averill, J.R. (1980). A constructivist view of emotion. In R. Plutchik & H. Kellerman (Eds.), *Emotion: Theory, research, and experience. Vol. 1* (pp. 305-339). New York: Academic Press.

Baumeister, R.F. & Tice, D.M. (1987). Emotion and self-presentation. In R. Hogan & W.H. Jones (Eds.), *Perspectives in Personality. Vol. 2* (pp. 181-199). Greenwich, CT: JAI Press.

Burda, M. & Viering, G. (1989). *Bewältigung negativer Emotionen bei Paaren - Entwicklung und Erprobung eines Erhebungsinstruments.* Unveröffentlichte Diplomarbeit, Universität Bamberg.

Buss, A.H. & Briggs, S.R. (1984). Drama and the self in social interaction. *Journal of Personality and Social Psychology, 47,* 1310-1324.

Ekman, P. (1972). Universals and cultural differences in facial expressions of emotion. In J.R. Cole (Ed.), *Nebraska Symposium on Motivation* (pp. 207-283). Lincoln: University of Nebraska Press.

Ekman, P. (1984). Expression and the nature of emotion. In P. Ekman & K. Scherer (Eds.), *Approaches to emotion* (pp. 319-343). Hillsdale, N.J.: Erlbaum.

Ekman, P. & Friesen, W.V. (1978). *The facial coding system.* Palo Alto: Consulting Psychologists' Press.

Filipp, S.-H. (1985). Selbstkonzept. In Th. Herrmann & E.-D. Lantermann (Hrsg.), *Persönlichkeitspsychologie. Ein Handbuch in Schlüsselbegriffen* (S. 347-353). München: U & S.

Filipp, S.-H & Frey, D. (1988). Das Selbst. In K. Immelmann, K.R. Scherer, C. Vogel & P. Schmock (Hrsg.), *Psychobiologie - Grundlagen des Verhaltens* (S. 415-454). München: PVU.

Fridlund, A.J. (1991). Evolution and facial action in reflex, social motive, and paralanguage. *Biological Psychology, 32,* 3-100.

Gerhards, J. (1988). *Soziologie der Emotionen. Fragestellungen, Systematik und Perspektiven.* Weinheim: Juventa.

Goffman, E. (1976). *Wir alle spielen Theater. Die Selbstdarstellung im Alltag.* München: Piper.

Greenwald, A.G. & Beckler, S.J. (1985). To whom is the self presented? In B.R. Schlenker (Ed.), *The self and social life* (pp. 126-145). New York: McGraw-Hill.

Hackett, T.P. & Weisman, A.B. (1969). Denial as a factor in patients with heart disease and cancer. *Annals of the New York Academy of Science, 164,* 802-817.

Hackfort, D. & Schlattmann, A. (1991). Funktionen der Emotionspräsentation beim sportlichen Handeln. In D. Hackfort (Hrsg.), *Funktionen von Emotionen im Sport. Analysen unter besonderer Berücksichtigung "positiver" Emotionen* (S. 141-188). Schorndorf: Verlag Karl Hofmann.

Hindel, Ch. & Krohne, H.W. (1987). Die Erfassung von störenden Kognitionen und Bewältigungstechniken bei Leistungssportlern im Tischtennis. *Mainzer Berichte zur Persönlichkeitsforschung, 16.*

Hochschild, A.R. (1980). Emotion work, feeling rules, and social structure. *American Journal of Sociology, 85,* 551-575.

Hochschild, A.R. (1990). *Das gekaufte Herz. Zur Kommerzialisierung der Gefühle.* Frankfurt: Campus.

Horney, K. (1991). *Unsere inneren Konflikte - Neurosen in unserer Zeit.* Frankfurt/Main: Fischer.

Janke, W., Erdmann, G. & Kallus, W. (1985). *Streßverarbeitungsbogen (SVF).* Göttingen: Hogrefe.

Jones, E.E. & Pittman, T.S. (1982). Toward a general theory of strategic self-presentation. In J. Suls (Ed.), *Psychological perspectives on the self. Vol. 1* (pp. 231-262). Hillsdale, N.J.: Erlbaum.

Jourard, S.M. (1971). *The transparent self.* New York: Van Nostrand Reinhold.

Kappas, A. & Hess, U. (1992). Emotionskontrolle. *Psychomed, 4,* 91-96.

Kelly, G. (1955). *The psychology of personal constructs. Vol. 1.* New York: Norton.

Kihlstrom, J.F. & Cantor, N. (1984). Mental representation of the self. In L. Berkowitz (Ed.), *Advances in experimental social psychology. Vol. 17* (pp. 1-47). New York: Academic Press.

Laux, L. (1986). A self-presentational view of coping with stress. In M.H. Appley & R. Trumbull (Eds.), *Dynamics of stress. Physiological, psychological, and social perspectives* (pp. 233-253). New York: Plenum.

Laux, L. & Weber, H. (1990). Bewältigung von Emotionen. In K.R. Scherer (Hrsg.), *Enzyklopädie der Psychologie. Psychologie der Emotion* (S. 560-629). Göttingen: Hogrefe.

Laux, L. & Weber, H. (1991). Presentation of self in coping with anger and anxiety: An intentional approach. *Anxiety Research, 3,* 233-255.

Lazarus, R.S. & Cohen, J.B. (1978). Environmental stress. In J. Altman & J.F. Wohlwill (Eds.), *Human behavior and the environment* (pp. 89-127). New York: Plenum Press.

Lazarus, R. S. & Folkman, S. (1984). *Stress, appraisal, and coping.* New York: Springer.

Leary, M.R. & Kowalski, R.M. (1990). Impression management: A literature review and two-component model. *Psychological Bulletin, 107,* 34-47.

Markus, H. (1977). Self-schemata and processing information about the self. *Journal of Personality and Social Psychology, 35,* 63-78.

Markus, H. & Cross, S. (1990). The interpersonal self. *Journal of Personality and Social Psychology, 35,* 63-78.

Markus, H. & Nurius, P. (1986). Possible selves. *American Psychologist, 41,* 858-866.

Morton, E.S. (1977). On the occurrence and significance of motivational-structural rules in some bird and mammal sounds. *American Naturalist, 111,* 855-869.

Mühle, G.W. & Wellek, A. (1952). Ausdruck, Darstellung, Gestaltung. *Studium Generale, 5,* 110-130.

Neuberger, O. (1985). Im Reden verzaubern wir uns selbst. *Psychologie heute, 11,* 32-35.

Oldendörp, H. & Pecher, M. (1989). Interviews zur Wahrnehmung und Regulation eigener Gefühle. *GwG Zeitschrift, 77,* 431-439.

Park, R.E. (1950). *Race and culture.* Glenoce, Ill.: Fress Press.

Rogers, C.R. (1980). Klientenzentrierte Psychotherapie. In R. Corsini (Hrsg.) (1983), *Handbuch der Psychotherapie. Bd. 1* (S. 471-512). Weinheim und Basel: Beltz.

Saarni, C. & von Salisch, M. (1993). The socialization of emotional dissemblance. In M. Lewis & C. Saarni (Eds.), *Deception and lying in everyday life.* New York: Guilford Press.

Scheibe, K.E. (1985). Historical perspectives on the presented self. In B.R. Schlenker (Ed.), *The self and social life* (pp. 33-64). New York: McGraw-Hill.

Scherer, K.R. (1984). On the nature and function of emotion: A component process approach. In K.R. Scherer & P. Ekman (Eds.), *Approaches to emotion* (pp. 293-317). Hillsdale, N.J.: Erlbaum.

Scherer, K.R. & Walbott, H.G. (1990). Ausdruck von Emotionen. In K.R. Scherer (Hrsg.), *Enzyklopädie der Emotion. Psychologie der Emotion.* (S. 345-422). Göttingen: Hogrefe.

Schlenker, B.R. (1980). *Impression management. The self-concept, social identity, and interpersonal relations.* Monterey, CA: Brooks/Cole.

Schlenker, B.R. (1985). Identity and self-identification. In B.R. Schlenker (Ed.), *The self and social life* (pp. 65-98). New York: McGraw-Hill.

Schlenker, B.R. (1986). Self-identification: Toward an integration of the private and public self. In R.F. Baumeister (Ed.), *Public self and private self* (pp. 21-62). New York: Springer.

Schlenker, B.R. (1987). Threats to identity. Self-identification and social stress. In C.R. Snyder & C. Fort (Eds.), *Clinical and psychological perspectives on negative life events* (pp. 273-321). New York: Plenum Press.

Schlenker, B.R. & Weigold, M.F. (1992). Interpersonal processes involving impression regulation and managment. *Annual Review of Psychology, 43,* 133-168.

Snyder, C.R., Higgins, R.L. & Stucky, R.J. (1983). *Excuses. Masquerades in search of grace.* New York: Wiley.

Sommer, V. (1992). *Lob der Lüge. Täuschung und Selbstbetrug bei Tier und Mensch.* München: C.H. Beck.

Spitznagel, A. & Schmidt-Atzert, L. (1986). *Sprechen und Schweigen. Zur Psychologie der Selbstenthüllung.* Bern: Huber.

Stahlberg, D., Osnabrügge, G. & Frey, D. (1985). Die Theorie des Selbstwertschutzes und der Selbstwerterhöhung. In D. Frey & M. Irle (Hrsg.), *Theorien der Sozialpsychologie. Bd. 3* (S. 79-124). Bern: Huber.

Tausch, R. & Tausch, A.-M. (1990). *Wege zu uns und anderen.* Hamburg: Rowohlt.

Tedeschi, J.T. & Norman, N. (1985). Social power, self-presentaion and the self. In B.R. Schlenker (Ed.), *The self and social life* (pp. 293-322). New York: McGraw-Hill.

Thoits, P.A. (1985). Self-labelling processes in mental illness: The role of emotional deviance. *American Journal of Sociology, 92,* 221-249.

Thoits, P.A. (1986). Social support as coping assistance. *Journal of Consulting and Clinical Psychology, 54,* 416-423.

Tucholsky, K. (1962). *Ein Pyrenäenbuch.* Hamburg: Rowohlt.

Vester, H.-G. (1991). *Emotion, Gesellschaft und Kultur. Grundzüge einer soziologischen Theorie der Emotionen.* Opladen: Westdeutscher Verlag.

Vohwinckel, G. (1983). *Von politischen Köpfen und schönen Seelen. Ein soziologischer Versuch über die Zivilisation der Affekte und ihres Ausdrucks.* München: Juventa.

Weber, H. & Laux, L. (1993). Presentation of emotion. In G.L. van Heck, P. Bonaiuto, I. Deary & W. Nowack (Eds.), *Personality Psychology in Europe. Vol. 4.* Amsterdam: Swets & Zeitlinger.

Wortman, C.B. & Dunkel-Schetter, C. (1979). Interpersonal relationships and cancer: A theoretical analyses. *Journal of Social Issues, 35,* 120-155.

Wundt, W. (1903). *Grundzüge der physiologischen Psychologie. Bd. 3* (5. Aufl.). Leipzig: Engelmann.

3. SELBSTDARSTELLUNG BEI DER BEWÄLTIGUNG VON ÄRGER UND ANGST[1]

Lothar Laux und Hannelore Weber

Grundüberzeugung kognitiver Emotionstheorien ist, daß die Qualität jeder Emotion durch ein spezifisches Muster von Einschätzungen hervorgerufen wird (z.B. Roseman, 1984; Scherer, 1984; Smith & Ellsworth, 1985; Smith & Lazarus, 1990). Dies gilt auch für Emotionen wie Angst, Ärger, Schuld, Trauer usw., die als Streß-Emotionen durch negative Erlebnisqualität gekennzeichnet sind (vgl. Lazarus, 1991). Einmal ausgelöst initiieren diese Emotionen Bewältigungsprozesse, die wiederum von der Qualität der jeweiligen Emotion abhängen. Mit wenigen Ausnahmen (z.B. Frijda, 1986; Kellerman, 1980) haben sich Emotionstheoretiker aber vor allem mit der Entstehung von Emotionen befaßt und darüber den zweiten Schritt, die Bewältigung der einmal ausgelösten Emotionen, vernachlässigt.

Bewältigungsforscher wiederum gehen meist von einem *unspezifischen* Distreßzustand aus, wenn sie die Bewältigung von Emotionen untersuchen. Im Sinne der Spezifitätstheorien von Emotionen wäre es jedoch wünschenswert, wenn man die differenziert erfaßten Bewältigungsreaktionen in Abhängigkeit von der spezifischen Qualität der ausgelösten Emotionen analysieren würde (vgl. Laux & Weber, 1991; Montada, 1989; Wallbott und Scherer, 1985).

Daneben gibt es allerdings eine ganze Reihe von Ansätzen, die sich mit dem Bewältigen unterschiedlicher Emotionen auseinandersetzen. Aber diese Ansätze konzentrieren sich jeweils auf eine *einzige* Emotion und bemühen sich nicht um eine emotionsvergleichende Analyse von Bewältigungsformen. Es ist aber unbefriedigend, Bewältigungsreaktionen, die in theoretisch und methodisch nicht aufeinander bezogenen Untersuchungen ermittelt wurden, im nachhinein direkt miteinander zu vergleichen. Die ins Auge springenden Unterschiede in der Bewältigung verschiedener Emotionen können auf viele Faktoren zurückgehen, die nicht die Qualität der Emotionen betreffen, z.B. Unterschiede in der Intensität (vgl. Laux & Weber, 1991).

Was für die Bewältigungsreaktionen gilt, trifft erst recht für die bisher wenig in der Forschung berücksichtigten Bewältigungsintentio-

---

[1] Für die hilfreichen Kommentare bedanke ich mich bei Wolfgang Trapp.

nen zu. Ausnahme ist eine Studie von Wallbott und Scherer (1985). In dieser richtungsweisenden Untersuchung wurden Kontroll- und Regulationsprozesse - die man im großen und ganzen mit Bewältigungsreaktionen gleichsetzen kann - für vier Basisemotionen (Freude, Trauer, Furcht, Ärger) untersucht. Markantes Ergebnis war, daß die nonverbalen Reaktionen und physiologischen Symptome bei Freude und Trauer viel weniger kontrolliert wurden als bei Ärger und Furcht:

> Am stärksten kontrolliert werden die Reaktionen bei Ärger und Furcht: bei Furcht eventuell, um dem "Furcht-Verursacher" die Furcht zu verbergen, und ihn dadurch nicht zu weiteren Schritten zu verleiten. Hier mögen aber auch Gründe der Selbstpräsentation eine Rolle spielen ("man zeigt nicht, daß man Angst hat".) (S. 98).

Aus dem Zitat wird deutlich, daß die Autoren Absichten annehmen, die Bewältigungsprozesse steuern. In dieser Untersuchung wurden die Absichten aber im Gegensatz zu den Bewältigungsreaktionen nicht empirisch erfragt, sondern nur interpretativ erschlossen. Oldendörp und Pecher (1989) erfaßten in ihrer exploratorischen Untersuchung zur Emotionsregulation im Alltag sowohl Techniken der aktivierenden und reduzierenden Emotionsregulation als auch Gründe für deren Einsatz. Gestützt auf eine inhaltsanalytische Auswertung liefert diese Arbeit neue wertvolle Befunde. Eine spezifische Analyse des Zusammenhangs von angegebener Technik und angegebener Begründung für deren Verwendung nehmen die Autoren jedoch nicht vor.

Insgesamt muß man feststellen, daß die bisherigen Untersuchungen emotionsvergleichende Aussagen über Bewältigungsreaktionen und -intentionen nur bedingt zulassen. Um Aussagen über emotionsspezifische und emotionsübergreifende Bewältigungs- und Intentionsmuster machen zu können, haben wir für die Basisemotionen "Ärger" und "Angst" eine eigene Untersuchung durchgeführt (vgl. Laux & Weber, 1991; Weber & Laux, 1993), die im folgenden ausführlich dargestellt werden soll. Es handelt sich um eine exploratorische Studie, die wesentlich zur Entwicklung unseres theoretischen Ansatzes beigetragen hat.

3.1 Eine Untersuchung mit vorgestellten Episoden

Zwei unterschiedliche Forschungsstrategien kommen für die Untersuchung von Emotionsbewältigung in Frage: Bei der ersten Strategie werden Personen gebeten, sich an Situationen (Episoden) zu erinnern, in denen sie unterschiedliche Emotionen erlebten, und mitzuteilen, wie sie die einzelnen Emotionen bewältigt haben. Dieser *biographische* Zugang ist immer wieder in der Emotionsforschung gewählt worden (vgl. Averill, 1982; Scherer, Wallbott, & Summerfield, 1986; Smith & Ellsworth, 1985).

Bei der zweiten Forschungsstrategie konstruiert man Episoden für die verschiedenen Emotionen. Die Untersuchungsteilnehmer/innen werden gebeten, sich in die jeweiligen Episoden hineinzuversetzen und anzugeben, wie sie reagieren würden. Diese Methode, die auf *vorgestellten Episoden* beruht, gestattet es, theoretisch relevante Variable wie Intensität, Kontext, Thema, Handlungsmöglichkeiten für die zu vergleichenden emotionalen Episoden je nach Untersuchungsziel konstant zu halten oder planmäßig zu variieren. Will man etwa Unterschiede in der Bewältigung von Angst und Ärger im gleichen thematischen Rahmen, z.B. dem der Selbstwertrelevanz, untersuchen, kann man eine Ärgerepisode, in der der Selbstwert verletzt, und eine Angstepisode, in der der Selbstwert bedroht wurde, gegenüberstellen.

Grundsätzlich ist auch im Rahmen einer biographischen Erhebung eine Parallelisierung von Merkmalen möglich: Die TeilnehmerInnen können gebeten werden, die von ihnen erlebten Episoden nach dem Grad der Selbstwertrelevanz und anderer Merkmale einzuschätzen. Gestützt auf solche Angaben lassen sich Ärger- und Angstepisoden von annähernd gleicher Selbstwertrelevanz zusammenstellen. Aber zusätzlich müßten diese thematisch einheitlichen Episoden noch nach Intensität, Thema, Handlungsmöglichkeiten usw. parallelisiert werden. Da die mitgeteilten "natürlichen" Episoden durch spezifische Kombinationen solcher Merkmale gekennzeichnet sind, ergibt sich die Notwendigkeit, viele dieser Episoden auszuschließen. Der biographische Weg ist demnach nur dann gangbar, wenn eine große Zahl von Episoden zur Verfügung steht.

Mögliche Nachteile einer Methode, die sich auf konstruierte und nicht auf tatsächlich erlebte Episoden stützt, sind nicht zu übersehen. Von grundsätzlicher Bedeutung ist die Frage, in welchem Ausmaß sich die ProbandInnen die Szenarien überhaupt vorstellen und sich in sie hineinversetzen können. Eine Rolle spielt ferner, ob die ProbandInnen gleiche oder ähnliche Situationen schon erlebt haben oder nicht. Mit entsprechenden Kontrollfragen läßt sich aber abschätzen, wie sehr solche Faktoren die Antworten der ProbandInnen beeinflussen.

In dieser exploratorischen Untersuchung war für uns die Vorgabe theoretisch relevanter Dimensionen und die Kontrolle von Merkmalen von vorrangiger Bedeutung. Daher entschieden wir uns dafür, mit vorgestellten Episoden zu arbeiten.

Die Stichprobe bestand aus 102 Studierenden der Psychologie und der Pädagogik (53 Frauen, 49 Männer; mittleres Alter 23.2 Jahre). Für beide Emotionen wurden Skripts erstellt. Aufgabe der Versuchsteilnehmer/innen war es, sich möglichst anschaulich vorzustellen, er/sie sei die Zielperson:

In dieser Untersuchung geht es um zwei Situationen, in denen bestimmte Gefühle geweckt werden. Die Situationen werden kurz beschrieben. Bitte versuche, Dich möglichst lebhaft in diese Situationen hineinzuversetzen. Schließe bitte die Augen und versuche, Dir die Situation möglichst plastisch vorzustellen.
Alle nachfolgenden Fragen beziehen sich auf Dein Verhalten in diesen Situationen. Bitte beantworte diese Fragen so, wie Du Dich aufgrund Deiner eigenen Selbsteinschätzung und Selbstkenntnis aller Wahrscheinlichkeit nach in diesen Situationen verhalten würdest.

Ärgerepisode: Ein Kommilitone, den Du von den Seminaren her recht gut kennst, steht unter großem Zeitdruck, da er die Vorbereitungszeit für ein Referat unterschätzt hat. Er gerät in ziemliche Panik, daß er nicht fertigwerden könnte, und bittet Dich um Deine Hilfe, damit er doch noch alles bis zum nächsten Tag schafft. Du läßt Deine eigenen Arbeiten stehen und liegen und tippst für ihn eine Reihe von Unterlagen für das Referat, wobei Du Dir alle Mühe gibst, die Texte gut zu gestalten. Zusammen schafft Ihr es, alles rechtzeitig fertigzustellen.
Am folgenden Wochenende seid Ihr beide zu einem Geburtstagsfest eingeladen, bei dem eine Menge Leute anwesend sind, von denen Du die meisten nur vom Sehen her kennst. In einer großen Runde kommt es zu einer Diskussion darüber, ob man sich besser einen Computer anschaffen sollte, um Arbeiten zu schreiben, statt sich noch mit der Schreibmaschine abzuquälen. Der Kommilitone, dem Du geholfen hast, mischt sich in die Diskussion und erklärt vor der ganzen Gruppe, ein Computer, das habe er gerade leidvoll erfahren müssen, sei doch wohl das einzig Wahre. Er deutet auf Dich und sagt, für jemanden mit solchen Rechtschreibproblemen, wie Du sie hast, wäre ein Computer geradezu ein Segen. Die vielen Kommafehler und Recht-

schreibfehler, die Du beim gemeinsamen Referateschreiben letzte Woche gemacht hast, hätte er bei einem Computer einfacher korrigieren können. (Eine entsprechende "sie"-Version erhielten die Studentinnen.)

Angstepisode: Du bist zu einem Einweihungsfest in einer Wohngemeinschaft eingeladen, zu dem viele Leute gekommen sind. Einige der Anwesenden kennst Du ein bißchen näher, wenn auch nicht gerade gut, aber die meisten kennst Du nur vom Sehen. Die Leute stehen alle in Grüppchen herum und unterhalten sich. Es ging eine Weile sehr lebhaft zu, aber jetzt schleppt sich das Fest ein bißchen hin, es hat einen toten Punkt erreicht.
Plötzlich kommt in einem der Gesprächsgrüppchen der Gedanke auf, man könne doch etwas mehr Leben in das Ganze bringen, indem man ein spontanes "Theaterprogramm" inszeniert, bei dem alle mitmachen müssen. Die Idee wird von anderen sofort aufgegriffen und entwickelt sich zu dem Plan, jeder der Anwesenden solle eine Pantomime oder einen Sketch vorführen, singen oder tanzen oder irgendetwas Ähnliches an "Schauspielkunst" darbieten. Bedingung soll sein, daß sich jeder der Reihe nach beteiligt. Die anderen stimmen begeistert zu, und es soll gleich losgehen, angefangen mit den Leuten einer Gruppe, die als Startpunkt ausgeguckt wird. Das bedeutet, daß Du als Dritter an der Reihe bist. Vor Dir wird jemand dran sein, von der Du schon erlebt hast, daß sie die Leute einen ganzen Abend lang mit solch spontanen Szenen blendend unterhalten könnte. Dagegen weißt Du aus früherer Erfahrung, daß Du für solche "Auftritte" überhaupt kein Talent hast. (Eine entsprechende "er"-Version erhielten die Studenten.)

Die Konstruktion beider Episoden richtete sich nach Dimensionen, wie sie in kognitiven Emotionstheorien herausgearbeitet wurden (Roseman, 1984; Scherer, 1984, 1986; Smith & Ellsworth, 1985; Lazarus & Smith, 1988): Die *Ärgerepisode* ist als Situation konzipiert, in der der Selbstwert verletzt wurde. Der Angreifer verstößt willkürlich gegen allgemein akzeptierte Regeln des Umgangs (vgl. Averill, 1982). Bei der *Angstepisode* handelt es sich um eine Situation, in der der Selbstwert bedroht wird. Dabei geht die Bedrohung mehr von den Umständen als von einer konkreten Person aus.

Die Skripts beschreiben somit ein ähnliches Thema (Verletzung oder Bedrohung des Selbstwertgefühls), das im allgemeinen mit emotionalem Distreß mittlerer oder hoher Intensität verbunden ist. Sie geben einen identischen sozialen Kontext (eine Party) vor und bieten einen vergleichbaren Rahmen für die Bewältigung an.

Die beiden Skripts wurden allen TeilnehmerInnen ausgeteilt, wobei die eine Hälfte zuerst das Ärgerskript, die andere zuerst das Angstskript erhielt. Nach dem Lesen und Imaginieren beider Episoden wurden vier Gruppen von Fragen vorgelegt:

(a) Emotionale Reaktionen: Um abschätzen zu können, ob die Ärger-
und Angstepisode bei den TeilnehmerInnen mit den entsprechenden
Emotionen assoziiert war, wurde eine Liste mit 16 Emotionsbegriffen
vorgegeben (vgl. Abb. 3.1). Die TeilnehmerInnen gaben auf einer
sechstufigen Skala an, was sie in dieser Situation empfinden (0 = gar
nicht; 5 = sehr stark). Zur Erfassung der Qualität und Intensität des
emotionalen Zustands füllten die TeilnehmerInnen anschließend eine
bipolare Adjektivliste (Gerhards, 1988) sowie eine Liste körperlicher
Symptome aus (Scherer, Wallbott & Summerfield, 1986).

(b) Bewältigungsreaktionen: Das Inventar der Bewältigungsreaktionen umfaßte drei Gruppen: expressive, verhaltensbezogene und
intrapsychische Reaktionen. Im Vergleich zu den gängigen Inventaren
wurde besonders Wert auf die differenzierte Erfassung von expressiven Bewältigungsformen gelegt (vgl. Kap. 1 und 2 sowie Laux &
Weber, 1990). Um ein hohes Ausmaß an situativer Stimmigkeit zu
erreichen, wurden nicht immer wortgleiche Formulierungen für identische Bewältigungsreaktionen bei Angst und Ärger verwendet.

Das Inventar bestand aus 18 Items (Tab. 3.1). Auf einer fünfstufigen Ratingskala sollten die TeilnehmerInnen angeben, wie sie in
dieser Situation reagieren (0 = mit Sicherheit nicht; 4 = sehr wahrscheinlich). Die Bewältigungsreaktionen wurden vor den Bewältigungsintentionen erfaßt, da es sich in eigenen früheren Untersuchungen herausgestellt hatte, daß es den ProbandInnen leichter fällt, die
jeweiligen Intentionen anzugeben, nachdem sie ihre konkreten Reaktionen beschrieben haben.

Tab. 3.1 Bewältigungsreaktionen

Offener Gefühlsausdruck:
- Ich mache meinen Gefühlen Luft und sage ihm vor allen anderen ganz
  offen, wie sehr mich seine Bemerkung ärgert, vor allem angesichts meiner Hilfeleistung. (Ä)
- Ich bringe meine Gefühle vor den anderen offen zum Ausdruck und sage
  ganz offen, daß ich vor solchen Auftritten Angst habe. (A)

Minimierung:
- Ich nehme das Ganze nicht sonderlich wichtig. (Ä)
- Ich sage mir, daß es nicht mehr als schiefgehen kann. (A)

Andeuten von Gefühlen:
- Ich mache einige Bemerkungen, aus denen hervorgeht, daß ich sauer bin; ich schneide ihn und deute durch meinen Gesichtsausdruck meine Gefühle an. (Ä)
- Ich deute durch mein Verhalten an, daß ich mich bei dieser Art von Zurschaustellung nicht wohl fühle und das nicht gern mache. (A)

Rationale Aktion:
- Ich schildere vor den anderen den Hintergrund und stelle klar, daß ich zwar kein Grammatikgenie bin, daß aber ein Teil der Fehler durch Zeitdruck bedingt war. (Ä)
- Ich überlege mir, was ich noch am ehesten darbieten könnte, womit ich vielleicht noch eine einigermaßen gute Figur machen könnte. (A)

Verbergen von Gefühlen:
- Ich lasse mir meine Gefühle nicht anmerken. (Ä)
- Ich lasse mir meine Gefühle nicht anmerken. (A)

Vorgeben von positiven Gefühlen:
- Ich tue so, als würde mich seine Bemerkung amüsieren und zwinge mich zu lachen. (Ä)
- Ich tue so, als ob ich von der Idee ganz begeistert sei und ich mich auf die Darbietung freue. (A)

Feinselige Reaktion:
- Ich fahre ihn an, daß es verdammt unverschämt und mies von ihm ist, erst meine Hilfsbereitschaft auszunutzen und sich dann über mich lustig zu machen. (Ä)
- Ich bemerke bissig, daß ich die Idee albern und kindisch finde und man besser nach Hause gehen sollte, wenn das Fest anders nicht zu retten ist. (A)

Unterdrücken von Gefühlen:
- Ich unterdrücke meine Gefühle. (Ä)
- Ich unterdrücke meine Gefühle. (A)

Rückzug:
- Ich ziehe mich aus der Gesprächsrunde zurück. (Ä)
- Ich versuche, unbemerkt das Fest zu verlassen. (A)

Alkohol trinken:
- Ich hole mir etwas zu Trinken und nehme erst einmal einen ordentlichen Schluck. (Ä)
- Ich hole mir etwas zu Trinken und nehme erst einmal einen ordentlichen Schluck. (A)

Passivität:
- Ich tue gar nichts, lasse die Situation einfach vorbeigehen. (Ä)
- Ich tue gar nichts, sondern warte einfach ab, was kommt. (A)

Sozialer Vergleich:
- Ich denke mir, daß es wohl kaum jemanden hier gibt, der keine Fehler macht. (Ä)
- Ich sage mir, daß die anderen auch keine Glanzleistungen vollbringen werden. (A)

Humor:
- Ich nehme es mit Humor und erkläre, daß große Begabungen sich nicht an kleinliche Sprachregeln zu halten brauchen. (Ä)
- Ich nehme es mit Humor und erkläre, daß sich die anderen auf eine unfreiwillig komische Darbietung von mir freuen dürfen. (A)

Positives Neueinschätzen:
- Ich denke mir, daß er das nicht so böse gemeint hat, sondern vielleicht nur die Diskussion ein bißchen aufheitern wollte. (Ä)
- Ich sage mir, daß ich das irgendwie schon hinbringen werden und daß ich dabei vielleicht auch ein Stück Angst oder Unsicherheit verlieren kann. (A)

Selbstbeschuldigung:
- Ich werfe mir vor, daß es schön blöd von mir war, ihm überhaupt zu helfen und daß ich in meiner dämlichen Hilfsbereitschaft selbst schuld bin. (Ä)
- Ich bin sauer auf mich, daß ich überhaupt auf ein solches Fest gegangen bin, sonst wäre mir das nämlich alles erspart geblieben. (A)

Selbstwerterhöhung:
- Ich sage mir, daß ich es nicht nötig habe, mich von solchen Bemerkungen getroffen fühlen zu müssen. (Ä)
- Ich sage mir, daß ich zwar nicht schauspielern kann, daß ich dafür andere Stärken habe. (A)

Soziale Unterstützung:
- Ich wende mich jemandem zu, den ich gut kenne und rede mit ihr/ihm über meine Gefühle. (Ä)
- Ich wende mich an jemanden, den ich gut kenne und rede mit ihr/ihm darüber, wie unwohl mir bei der Sache ist. (A)

Andere von den eigenen Fehlern ablenken:
- Ich wechsele das Thema und bringe das Gespräch auf ein Gebiet, auf dem ich den anderen von meinen Erfolgen berichten kann. (Ä)
- Ich überlege fieberhaft nach Alternativen, die ich den anderen vorschlagen könnte, und zwar solche Dinge, bei denen ich keine Probleme habe. (A)

(Ä) = Ärger, (A) = Angst

(c) Bewältigungsintentionen: Auf einer fünfstufigen Ratingskala sollten die TeilnehmerInnen angeben, welche Absichten sie mit ihren Reaktionen in dieser Situation verfolgten (0 = trifft gar nicht zu; 4 = trifft völlig zu). Bei der Zusammenstellung der Bewältigungsintentionen legten wir die vier Hauptabsichten zugrunde, die in Kap. 1 und 2 definiert wurden: Situationsregulation, Emotionsregulation, Regulation des Selbst und Regulation von Interaktionen/Beziehungen. Das Inventar bestand aus 14, für beide Situationen identische Items. Einige Items lassen sich zwei oder drei der theoretischen Kategorien von Absichten zuordnen (siehe Tab. 3.2). Der postulierten dynamischen Beziehung von Selbst- und Interaktionsregulation entsprechend (vgl. Kap. 2) weisen fast alle Interaktionsitems unseres Inventars einen deutlichen Bezug zur Selbstwertthematik auf. Ferner sind die meisten Intentionsitems mehr oder weniger deutlich selbstdarstellungsgetränkt: Es geht um die Absicht, Informationen über den eigenen Zustand oder über dauerhafte Merkmale zu kommunizieren.

Tab. 3.2 Bewältigungsintentionen

Gefühlsreduktion:
- Ich will meine Gefühle abschwächen oder loswerden. (1)

Aktives Eingreifen in die Situation:
- Ich will in die Situation eingreifen, will sie aktiv nach meinen Vorstellungen beeinflussen und verändern. (2)

Deutlicher Gefühlsausdruck:
- Ich will deutlich zum Ausdruck bringen, welche Gefühle diese Situation bei mir auslöst. (4)

Anpassung an die Situation:
- Ich will jedes Aufsehen vermeiden, will mich der Situation anpassen. (2, 3, 4)

Vor anderen gut dastehen:
- Ich will vor den anderen möglichst gut dastehen. (3, 4)

Hineinsteigern in die Gefühle:
- Ich will mich in meine Gefühle hineinsteigern. (1)

Schutz des Selbstwertes:
- Ich will mein Selbstwertgefühl schützen. (3)

Kontrolle der Situation:
- Ich will die Kontrolle über die Situation haben, ich will mich nicht ausgeliefert fühlen müssen. (2)

Selbstsicherheit zeigen:
- Ich will Selbstsicherheit und Selbstbewußtsein zeigen. (3, 4)

Verletzbarkeit verbergen:
- Ich will verhindern, daß offenkundig wird, wie verletzbar ich bin. (3, 4)

Mir selbst Zurechtkommen mit der Situation beweisen:
- Ich will mir selbst beweisen, daß ich mit einer solchen Situation zurechtkomme. (3)

Auseinandersetzung vermeiden:
- Ich will mich möglichst wenig mit der Situation auseinandersetzen. (2)

Vor mir selbst gut dastehen:
- Ich will vor mir selbst möglichst gut dastehen. (3)

Widerstand zeigen:
- Ich will zeigen, daß ich so etwas nicht mit mir machen lasse. (2, 3, 4)

Die Nummern beziehen sich auf die Zuordnung zu den vier theoretischen Kategorien von Absichten: 1 = Emotionsregulation, 2 = Situationsregulation, 3 = Selbstregulation, 4 = Interaktionsregulation

Wie schon bei den Bewältigungsreaktionen wurde auch bei den Bewältigungsintentionen auf eine faktorenanalytische Bestimmung von Dimensionen verzichtet, um in dieser exploratorischen Phase die

Entdeckung theoretisch ergiebiger Resultate auf Itemebene zu ermöglichen. Methodisch aufwendigere, dimensionsanalytische Untersuchungen mit dem Ziel einer Bildung von Subskalen, die den vier Hauptabsichten entsprechen, sollten sich jedoch in Zukunft anschließen.

(d) Kontrollfragen: Abschließend wurden drei Kontrollfragen gestellt. Zur Beantwortung stand jeweils eine Ratingskala zur Verfügung (von 0 = gar nicht bis 4 = sehr gut). Die Resultate erbrachten, daß die TeilnehmerInnen in der Lage waren, sich in beide Situationen hineinzuversetzen (M = 2.88 für die Ärgersituation und M = 2.65 für die Angstepisode). Sie waren ferner vertraut mit den in den Skripts beschriebenen Situationen (M = 2.39 für Ärger und 2.97 für Angst). Außerdem waren sie sicher, daß sie in der Realität genauso fühlen und handeln würden (M = 2.79 für Ärger und 2.94 für Angst).

Um den Unterschied zwischen den zwei Emotionsepisoden hinsichtlich emotionaler Reaktionen, Bewältigungsreaktionen und Bewältigungsintentionen zu überprüfen, wurde eine Serie von zweifachen Varianzanalysen gerechnet mit dem Geschlecht als unabhängigem Faktor und den Situationen als wiederholte Messungen. Da sich kaum Geschlechtsunterschiede und Interaktionseffekte zwischen Geschlecht und Situationen ergaben, werden die Geschlechtsunterschiede in dieser Darstellung vernachlässigt: Im Mittelpunkt steht der Haupteffekt für die Situationen. Um einen Ausgleich für die große Zahl einzelner Varianzanalysen zu schaffen, wurde das Signifikanzniveau (Anpassung des α-Fehlers) modifiziert (nach Bortz, 1985). Sämtliche Abbildungen dieses Kapitels beziehen sich auf korrigierte Signifikanzangaben für den Haupteffekt der Situation.

Wichtigste Voraussetzung für die nachfolgende Analyse von Bewältigungsreaktionen und -intentionen ist, daß die Skripts sich - im Urteil der Versuchsteilnehmer - tatsächlich auf die erwarteten Emotionen beziehen. Wie Abb. 3.1 zeigt, ist dies der Fall: Für die TeilnehmerInnen ist die Ärgerepisode erheblich mehr mit Ärger, Entrüstung, Enttäuschung, Verletztheit, Erbitterung und Trotz verbunden als die Angstepisode. In der Angstepisode dominieren demgegenüber Unsicherheit, Nervosität, Verlegenheit, Angst, Besorgnis und Verzagtheit. Bemerkenswert ist, daß die Ausprägung für Unsicherheit und Nervosität deutlich höher sind als für Angst. Möglicherweise verwendet man in der Umgangssprache nicht ohne weiteres den Begriff "Angst", um emotionale Reaktionen in sozialen Situationen zu beschreiben.

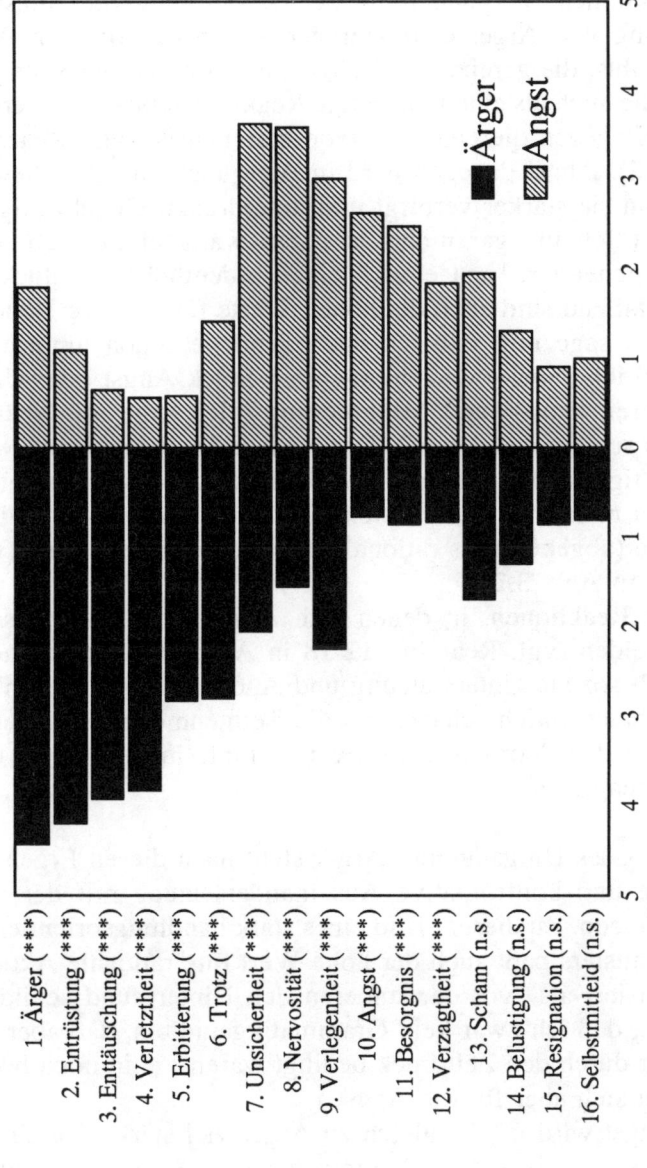

Anmerkung. Signifikanzniveau des Unterschiedes zwischen der Ärger- und der Angstepisode: *** p < .001.

Abb. 3.1 Emotionsreaktionen für die Ärger- und die Angstepisode

3.2 Bewältigungsreaktionen

Bedeutsame Unterschiede ergeben sich für die Mehrzahl der Bewältigungsreaktionen. Verglichen mit der Bewältigung von Angst ist
die Bewältigung von Ärger charakterisiert durch den offenen Ausdruck des Gefühls, die gereizt-feindselige Reaktion und die Selbstbeschuldigung, die auch als eine feindselige Reaktion verstanden werden
kann - eine, die gegen die eigene Person gerichtet ist (vgl. Reaktion
1-3 in Abb. 3.2). Angst dagegen wird im Vergleich zu Ärger bewältigt, indem man sie stärker verbirgt und unterdrückt. Gleichzeitig ist
man passiver ("Ich tue gar nichts, sondern warte einfach ab, was
kommt") und geneigter, "erst einmal einen ordentlichen Schluck zu
nehmen". Auffallend sind auch die hohen Werte für positive Neueinschätzung ("Ich sage mir, daß ich das irgendwie schon hinbringen
werde und daß ich dabei vielleicht auch ein Stück Angst oder Unsicherheit verlieren kann") und Minimierung ("Ich sage mir, daß es
nicht mehr als schiefgehen kann"). Der höchste Wert überhaupt wird
für eine Bewältigungsreaktion erreicht, die die Suche nach Darbietungen, mit denen man noch am ehesten eine einigermaßen gute Figur
machen könnte (abgekürzt als rationale Aktion), zum Inhalt hat (vgl.
Reaktion 4-11 in Abb. 3.2).
Einige der Reaktionen, in denen sich Ärger- und Angstepisode
nicht unterscheiden (vgl. Reaktion 12-18 in Abb. 3.2), weisen hohe
Werte auf, z.B. soziale Unterstützung und Andeutung von Gefühlen.
Als wenig wahrscheinlich schätzen es die TeilnehmerInnen dagegen
ein, daß sie mit dem Vorgeben positiver Gefühle in der Ärger- und
Angstepisode reagieren.

Im Zentrum des Umgangs mit Ärger steht nach diesen Ergebnissen die offene und konfrontative Auseinandersetzung mit der ver-
ursachenden Person. Zu diesem Bild eines stark handlungsorientierten
Bewältigungsmusters paßt auch der hohe Wert für "rationale Aktion"
- hier konkretisiert als "vor den anderen den Hintergrund schildern
und klarstellen, daß ich zwar kein Grammatikgenie bin, daß aber ein
Teil der Fehler durch den Zeitdruck bedingt waren". (Ein noch höherer Wert ergibt sich aber für die Angst.)
Soziale Angst wird im Vergleich zu Ärger viel stärker durch das
Nichtzeigen des Gefühls und durch intrapsychische Reaktionen bewältigt, wie die Werte für positive Neuinterpretation und Minimierung
zeigen. Bei der Minimierung wird das negative Resultat antizipiert
und gewissermaßen mit einem bagatellisierenden "Na und?" versehen.

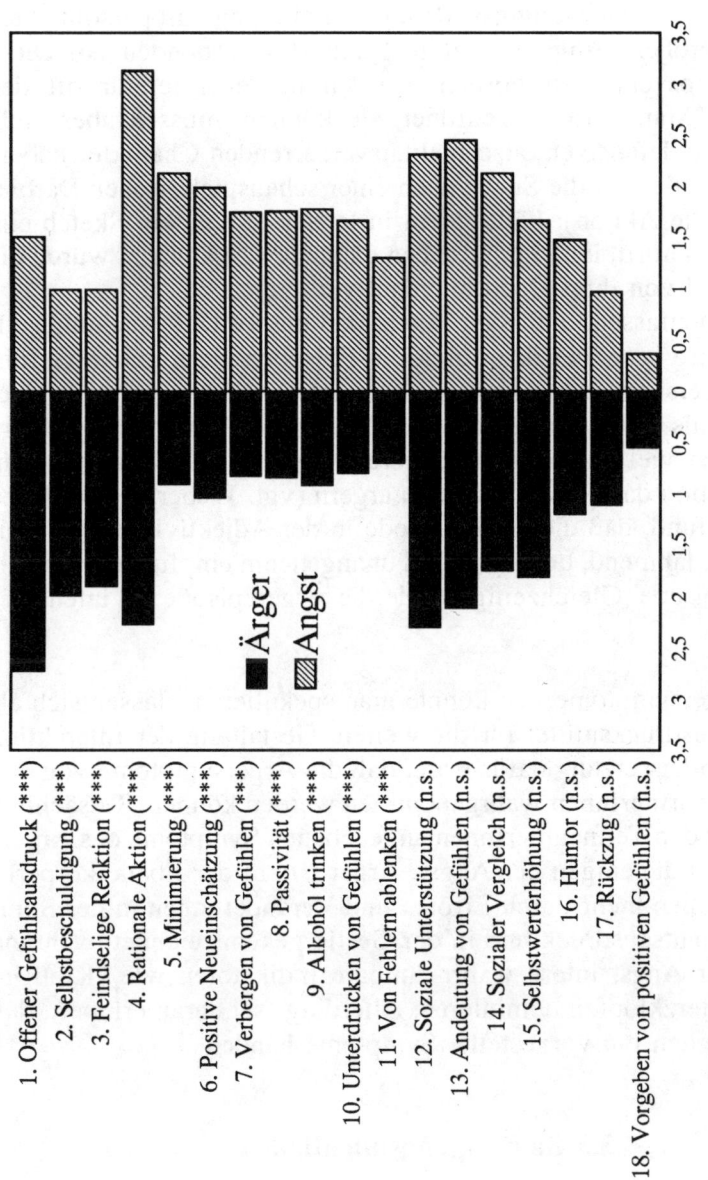

Anmerkung. Signifikanzniveau des Unterschiedes zwischen der Ärger- und der Angstepisode: *** $p < .001$.

Abb. 3.2 Bewältigungsreaktionen für die Ärger- und die Angstepisode

Während bei der Minimierung lediglich eine Reduktion der Bedrohlichkeit versucht wird, geht die positive Neueinschätzung noch darüber hinaus: Die Situation wird so umgedeutet, daß sie den Charakter einer Herausforderungssituation annimmt, die mit persönlichem Gewinn - größere Angstfreiheit in Zukunft - verbunden ist. Diese beiden intrapsychischen Formen werden in der Literatur oft den kognitiven "Manövern" zugeordnet, sie können, müssen aber nicht zwangsläufig defensiven, also realitätsverzerrenden Charakter haben. Realitätsorientiert ist die Suche nach einer schauspielerischen Darbietung (rationale Aktion): Fällt einem in letzter Minute ein Sketch ein, von dem man hofft, ihn einigermaßen darstellen zu können, würde die Situation viel von ihrer Bedrohlichkeit verlieren.

Zusammenfassend läßt sich sagen, daß unsere UntersuchungsteilnehmerInnen gegenüber den durch die Episoden vermittelten Gefühlen des Ärgers und der Angst ganz unterschiedlich eingestellt sind. Den Ärger als Reaktion auf die Verletzung von Spielregeln scheint man für sich viel eher zu "akzeptieren" als die Angst: Man hat in dieser Situation das "Recht", sich zu ärgern (vgl. Weber, 1993). Dazu paßt der Befund, daß die Ärgerepisode in der Adjektivliste als weniger quälend, lähmend, belastend und unangenehm empfunden wird als die Angstepisode. Gleichzeitig wurde die Ärgerepisode als intensiver eingeschätzt.

Die Ärgersymptome - so könnte man spekulieren - lassen sich als legitimes Ausdrucksmittel für die weitere Gestaltung der Interaktion ansehen. Voraussetzung dafür wäre, daß die Ärgersymptome von den InteraktionspartnerInnen wahrgenommen werden können. Tatsächlich sind die von den TeilnehmerInnen angegebenen Symptome des Ärgers sichtbarer als diejenigen der Angst: Ärger ist auf der Ebene körperlicher Reaktionen mehr durch Erröten und Veränderungen in der Stimme, im Gesichtsausdruck und in der Gestik gekennzeichnet, während im Falle der Angst intern wahrnehmbare Indikatoren wie "Kloß im Hals" und Herzklopfen dominieren. Allerdings sei daran erinnert, daß es sich lediglich um vorgestellte Symptome handelt.

3.3 Bewältigungsintentionen

Im Vergleich zu den Bewältigungsreaktionen treten bei den Intentionen insgesamt weniger bedeutsame Unterschiede zwischen den beiden Emotionsepisoden auf (siehe Intentionen 8-14 in Abb. 3.3).

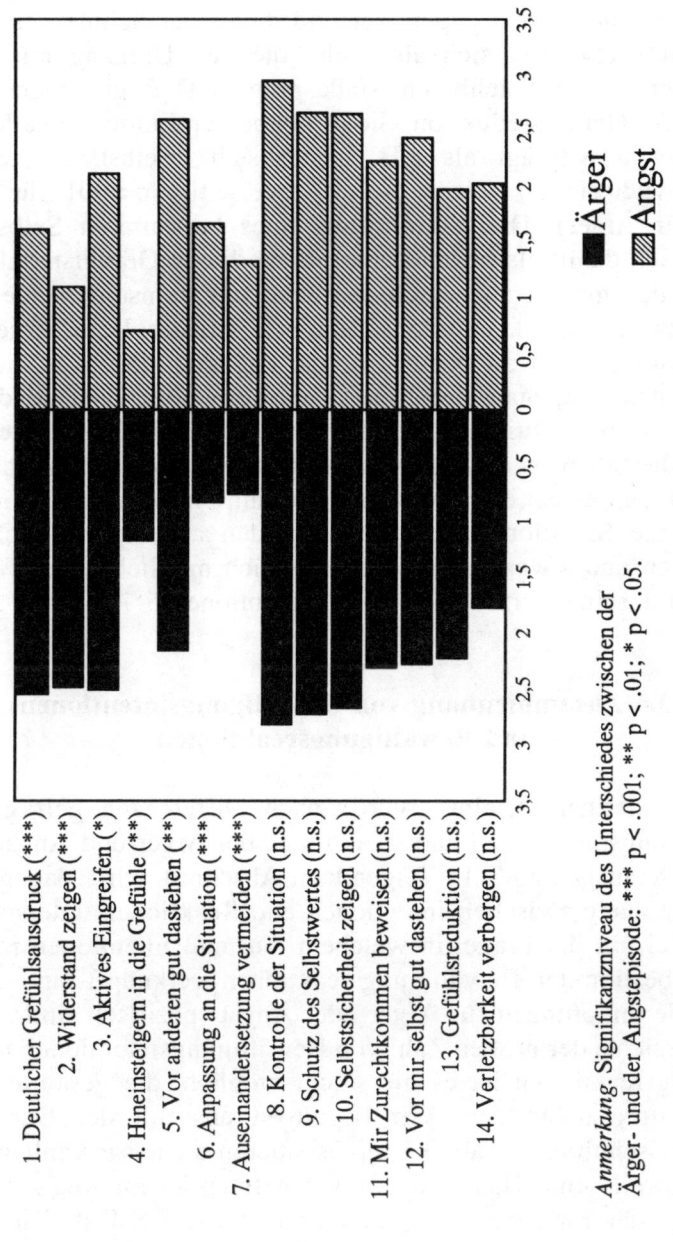

1. Deutlicher Gefühlsausdruck (***)
2. Widerstand zeigen (***)
3. Aktives Eingreifen (*)
4. Hineinsteigern in die Gefühle (**)
5. Vor anderen gut dastehen (**)
6. Anpassung an die Situation (***)
7. Auseinandersetzung vermeiden (***)
8. Kontrolle der Situation (n.s.)
9. Schutz des Selbstwertes (n.s.)
10. Selbstsicherheit zeigen (n.s.)
11. Mir Zurechtkommen beweisen (n.s.)
12. Vor mir selbst gut dastehen (n.s.)
13. Gefühlsreduktion (n.s.)
14. Verletzbarkeit verbergen (n.s.)

■ Ärger
▨ Angst

Anmerkung. Signifikanzniveau des Unterschiedes zwischen der Ärger- und der Angstepisode: *** p < .001; ** p < .01; * p < .05.

Abb. 3.3 Bewältigungsintentionen für die Ärger- und die Angstepisode

Neben dem Wunsch, die Situation zu kontrollieren, sind es besonders Intentionen des Selbstwertschutzes, die in beiden Situationen
stark, aber eben nicht unterschiedlich ausgeprägt sind: Eine günstige
Darstellung sich selbst gegenüber und damit der Schutz des Selbstwertgefühls erweisen sich als Ziele, die den Umgang mit beiden
Emotionen im vergleichbaren Maße prägen. Dies gilt auch für die
Absicht der Gefühlsreduktion. Sie ist bei beiden Emotionen allerdings
schwächer ausgeprägt als z.B. die Absicht, Selbstsicherheit und
Selbstbewußtsein zu zeigen (t-Test, zweiseitig: p<.001 für Angst,
p<.01 für Ärger). Die Vermittlung eines bestimmten Selbstbildes
erweist sich damit als bedeutsamer als die bloße Gefühlsreduktion.

Daneben gibt es aber auch deutliche Intentionsunterschiede. Sie
formen zwei markante emotionsspezifische Muster: Beim Ärger ist es
das vorrangige Ziel zu demonstrieren, daß man so etwas nicht mit
sich machen läßt; man strebt an, den emotionalen Zustand deutlich
zum Ausdruck zu bringen, sich in das Gefühl hineinzusteigern und
aktiv in die Situation einzugreifen (siehe Intentionen 1-3 in Abb. 3.3).
Dagegen geht es bei der Angst mehr darum, Aufsehen zu vermeiden,
sich an die Situation anzupassen, vor den anderen möglichst gut
dazustehen und - weniger ausgeprägt - sich möglichst nicht mit der
Situation auseinanderzusetzen (siehe Intentionen 5-7 in Abb. 3.3).

3.4 Zusammenhang von Bewältigungsintentionen
und Bewältigungsreaktionen

In der bisherigen Analyse wurde nach Differenzen gefragt: Sind
Bewältigungsintentionen und -reaktionen bei Ärger und Angst unterschiedlich ausgeprägt? In folgendem Abschnitt wird dagegen der
Zusammenhang zwischen Intentionen und Reaktionen untersucht. Es
geht dabei um die Frage, in welchem Ausmaß Intentionen mit dem
Einsatz bestimmter Bewältigungsreaktionen verknüpft sind und ob
solche Verknüpfungen für Ärger oder Angst spezifisch sind.

Angesichts der großen Zahl von Bewältigungsintentionen und Bewältigungsreaktionen ist es hier nicht möglich, die gesamte Korre-
lationsmatrix abzubilden. Wir begnügen uns mit der Darstellung
dreier Ausschnitte: In Tab. 3.3 repräsentieren die ausgewählten Intentionen jeweils eine Hauptkategorie von Intentionen: Regulation der
Situation, der Emotion, der Interaktion und des Selbst. Die zweite
Gruppe von Variablen berücksichtigt die wichtigsten expressiven
Bewältigungsreaktionen.

Tab. 3.3   Korrelationen zwischen ausgewählten Bewältigungsintentionen und
             expressiven Bewältigungsreaktionen

Reaktion	Emo-tion	Intention			
		Aktives Eingreifen	Gefühls-reduktion	Deutlicher Gefühls-ausdruck	Mir selbst Zurecht-kommen beweisen
Offener Ausdruck	Är	.55***	-	.62***	-
	An	-	-	.36***	-
Ver-bergen	Är	-.36***	-	-.45***	-
	An	-	-	-.28**	.20*
Unter-drücken	Är	-.45***	-	-.48***	-
	An	-	.33***	-.25**	.26**
Vorgeben positiver Gefühle	Är	-	-	-.31**	-
	An	-	.29**	-	.30**

Nichtsignifikante Korrelationen wurden weggelassen. *p<.05;**p<.01;***p<.001

In den beiden folgenden Tabellen sind die Koeffizienten dargestellt, die sich ergeben, wenn man für Ärger (Tab. 3.4) bzw. für
Angst (Tab. 3.5) solche Reaktionen und Intentionen miteinander
korreliert, die in den Varianzanalysen zu bedeutsamen Unterschieden
zwischen den beiden Episoden geführt haben (Ärger- bzw. Angstakzentuierung). Bei den Reaktionen sind die expressiven wegen ihrer
besonderen Bedeutsamkeit ebenfalls wieder aufgeführt. Um das Ausmaß der Spezifität abschätzen zu können, sind in den Tab. 3.4 und
3.5 die entsprechenden Werte für die zweite Emotion ebenfalls dargestellt.

3.4.1 Generelle und emotionsspezifische Muster

Bereits auf den ersten Blick wird deutlich, daß einige Intentionen bei
Ärger und Angst mit ähnlichen Ausdrucksmustern verbunden sind:

Für beide Emotionen gilt, daß die Intention des deutlichen Gefühlsausdrucks korreliert ist mit dem offenen Ausdruck des Gefühls und in
negativer Beziehung steht zum Verbergen oder Unterdrücken des
Gefühls (vgl. Tab. 3.3). Nicht so selbstverständlich ist, daß die für
Ärger ermittelte positive Korrelation zwischen Widerstand zeigen und
feindseliger Reaktion sich auch für die Angst nachweisen läßt (vgl.
Tab. 3.4). Es darf also nicht argumentiert werden, daß die Verknüpfung von Widerstand demonstrieren und feindseliger Reaktion ärger-
spezifisch sei. Umgekehrt gilt ebenso, daß die Absicht, Aufsehen zu
vermeiden und sich an die Situation anzupassen, auch beim Ärger mit
dem Verbergen und dem Unterdrücken des Gefühls sowie mit der
Vorgabe positiver Gefühle einhergeht (siehe Tab. 3.5).

Auf der anderen Seite gibt es eine Reihe von Zusammenhängen,
die spezifisch für die jeweilige Emotion sind: Das aktive Eingreifen
in die Situation wird nur beim Ärger mit dem offenen Ausdruck versucht (Tab. 3.3). Die Gefühlsreduktion, also das Abschwächen bzw.
das Loswerden des Gefühls ist nur bei der Angst mit dem Unterdrücken und der Vorgabe positiver Emotionen verbunden (Tab.
3.3). Weiterhin trifft nur für die Angst zu, daß die Absicht, sich selbst
zu beweisen, mit einer solchen Situation zurecht zu kommen, mit dem
Verbergen und Unterdrücken des Gefühls zusammenhängt (Tab. 3.3).
Bei der Absicht, vor anderen gut dazustehen, und der Bewältigungsreaktion "Rationale Aktion" ergeben sich positive Zusammenhänge für
beide Emotionen, allerdings ist der Wert für Angst deutlich höher
(Tab. 3.5).
Aus den Korrelationen läßt sich folgern, daß zwischen emotionsun-
spezifischen und emotionsspezifischen Intentions-Reaktions-Verknüp-
fungen unterschieden werden muß: Bestimmte Intentionen ziehen
Bewältigungsreaktionen "ohne Ansehen" der Emotion Angst oder
Ärger nach sich. Bei anderen Intentionen ist die Verknüpfung mit
einer Reaktion nur für eine der beiden Emotionen feststellbar. Diese
spezifischen und unspezifischen Verknüpfungen können außerdem
unterschiedlich eng sein: In unseren Ergebnissen finden sich in beiden
Kategorien sowohl geringe als auch hohe Korrelationen.
Innerhalb der emotionsspezifischen Verknüpfungen gibt es für jede
Emotion eine Beziehung, die besonders eng ist und die bei der Ver-
gleichsemotion schwach oder gar nicht ausgeprägt ist: So beeindruckt
bei der Angst die hohe Korrelation zwischen der Absicht, vor anderen
gut dazustehen, und der Suche nach einer eben noch akzeptablen Darbietung (Rationale Aktion, Tab. 3.5).

Tab. 3.4 Korrelationen zwischen ausgewählten Bewältigungsintentionen und Bewältigungsreaktionen (Auswahlkriterium u.a.: Ärgerakzentuierung)

Reaktion	Emo-tion	Intention		
		Deutlicher Gefühlsaus-druck	Widerstand zeigen	Aktives Ein-greifen
Offener Aus-druck	Är	.62***	.54***	.55***
	An	.36***	-	-
Verbergen	Är	-.45***	-.41***	-.36***
	An	-.28**	-	-
Unter-drücken	Är	-.48***	-.30**	-.45***
	An	-.25**	-	-
Vorgeben positiver Gefühle	Är	-.31**	-.22*	-
	An	-	-.17*	-
Selbstbe-schuldigung	Är	-	.24**	-
	An	-	.45***	.19*
Feindselige Reaktion	Är	.36***	.59***	.29**
	An	.18*	.60***	.18*
Rationale Aktion	Är	.30**	-	.31**
	An	.18*	-.20*	-

Nichtsignifikante Korrelationen wurden weggelassen.*p<.05;**p<.01;***p<.001

Beim Ärger ist es die Kombination von Widerstand zeigen und offenem Ausdruck sowie von aktivem Eingreifen in die Situation und offenen Ausdruck (Tab. 3.4). Es handelt sich um emotionsspezifische Intentions-Reaktionsverknüpfungen, die im Zentrum unserer Selbstdarstellungsinterpretation stehen.

Tab. 3.5 Korrelationen zwischen ausgewählten Bewältigungsintentionen und Bewältigungsreaktionen (Auswahlkriterium u.a.: Angstakzentuierung)

Reaktion	Emotion	Intention		
		Vor anderen gut dastehen	Anpassung an die Situation	Auseinandersetzung vermeiden
Offener Ausdruck	Är	-	.45***	-.18*
	An	-	-	-
Verbergen	Är	-	.49***	.33***
	An	-	.17*	-
Unterdrücken	Är	.22*	.51***	.31**
	An	.29**	.34***	.18*
Vorgeben positiver Gefühle	Är	.17*	.24**	.26**
	An	.23*	.27**	-
Rationale Aktion	Är	.19*	-	-
	An	.53***	-	-
Positive Neueinschätzung	Är	-	-	-
	An	.20*	-	-
Passivität	Är	-	.44***	.29**
	An	-	.22*	-

Nichtsignifikante Korrelationen wurden weggelassen. *p<.05;**p<.01;***p<.001

3.4.2 Zusammenfassende Selbstdarstellungsinterpretation

Bei der Bewältigung der *Ärgersituation* will ich der Kommilitonin, die mich unfair behandelt hat, eindringlich demonstrieren, daß ich so nicht mit mir umspringen lasse. Ein Mittel, dies zu erreichen, ist der deutliche Ausdruck des Ärgers, verbunden mit der feindseligen Reaktion. Eine zweite Zielsetzung ist es, den Eindruck zu verändern, den die Kommilitonin durch ihre Schilderung bei anderen hervorgerufen hat: Ich will in die Situation eingreifen, will sie aktiv nach meinen Vorstellungen beeinflussen und verändern. Auch dabei leistet der offene Ausdruck des Ärgers gute Dienste, denn es wird damit die Botschaft vermittelt, daß es sich angesichts meiner Hilfeleistung um einen vollkommen berechtigten Ärger handelt. Diese "emotionale" Art der "Beweisführung" wird flankiert durch eine stärker rationale Form der Klarstellung: Dem Publikum wird mitgeteilt, daß die Rechtschreibfehler nicht als Ausdruck persönlicher Inkompetenz, sondern als Folge des Zeitdrucks zu interpretieren sind.

Während es in der Ärgersituation darum geht, Widerstand zu demonstrieren und einen ungünstigen Eindruck bei den anderen abzuschwächen, kommt es in der *Angstsituation* darauf an, einen antizipierten unerwünschten Eindruck bei den anderen erst gar nicht entstehen zu lassen. Diesem allgemeinen Ziel lassen sich die unterschiedlichen Bewältigungsreaktionen, die eingesetzt werden, unterordnen:

(1) Bewältigungsreaktionen wie Verbergen und Unterdrücken dienen zunächst dem unmittelbaren Ziel, keinen ungünstigen Eindruck aufkommen zu lassen: Man will vor den anderen gut dastehen, auf keinen Fall unangenehm auffallen. Neben der Wirkung nach außen kann aber auch eine Wirkung nach innen intendiert sein: die Abschwächung der Angst, das bewußte Verbergen und Unterdrücken eines Gefühls, um es zu verringern.

(2) Ein unmittelbares Einwirken auf die problematische Situation wird durch die Suche nach Darbietungen vorbereitet, mit denen man eine eingermaßen gute Figur machen könnte. Fällt einem in letzter Minute ein Sketch, eine pantomische Darstellung ein, kommt man vielleicht ohne Ansehensverlust und Selbstwertkränkung über die Runden. Der Einsatz einer solchen Bewältigungsform setzt aber voraus, daß die Angst beherrschbar bleibt, nicht allzu sehr mit den problemlösenden Aktivitäten interferiert. Die Regulation der Emotion muß demnach der Problemlösung vorausgehen und sie begleiten. Verbergen und Unterdrücken lassen sich mit eben dieser Absicht der Emotionsregulation als Basis für die Problemlösung einsetzen.

(3) Die Verringerung der Angst könnte prinzipiell auch erreicht werden über Situationsumdeutungen, wie sie mit Minimierung und positiver Neuinterpretation verbunden sind: Die Situation wird umgedeutet, so daß sie weniger bedrohlich erscheint. Mit der Ab-

nahme der Bedrohlichkeit wird auch die Angst reduziert. In unserer Studie läßt sich aber keine Beziehung zwischen positiver Neueinschätzung und irgendwelchen Intentionen nachweisen. Möglicherweise entziehen sich solche Umbewertungsmanöver einer bewußt-intentionalen Verankerung. Allerdings ergibt sich ein schwacher positiver Zusammenhang zwischen positiver Neueinschätzung und einer anderen Bewältigungsreaktion - der Suche nach einer Stegreifdarbietung (r = .26; p<.01). Die Neueinschätzung könnte damit auch der Handlungsvorbereitung dienen. Vermutlich bereiten also intrapsychische und expressive Formen die nachfolgende aktionale Bewältigung, die tatsächliche Darbietung, vor.

Unsere Ergebnisse entsprechen damit nicht den Annahmen von Smith und Lazarus (1990) über die Grundcharakteristika der Angst. Sie sehen die Bewältigung der Angst primär durch den Einsatz intrapsychischer Bewältigungsreaktionen gekennzeichnet, die sie als Indiz für geringes Bewältigungspotential auffassen. Demgegenüber weisen unsere Ergebnisse auf eine starke Handlungsorientierung hin, die durch intrapsychische Bewältigungsreaktionen vorbereitet wird. Intrapsychische Bewältigungsreaktionen stellen somit keine minderwertige Alternative für aktionales Bewältigen dar, sondern begleiten und unterstützen vermutlich die Handlungsvorbereitung.

In der Bewältigung beider emotionaler Zustände geht es um das *Darstellen von Selbstbildern*, auf deren Vermittlung die Handelnden größten Wert legen. Gelingt es, im Fall der Angst vor anderen eine gute Figur zu machen, und gelingt es im Fall des Ärgers, die beschädigte Reputation wiederherzustellen, wird eine optimale Situationsbewältigung erreicht. So gesehen ist die Auswahl der Bewältigungsreaktionen von größter Bedeutung. Unter der Vielzahl möglicher Reaktionen, die als Instrument in Frage kommen, scheinen die ausgewählten diejenigen zu sein, mit denen sich die Intentionen unter Berücksichtigung von Emotion und Situation am besten verwirklichen lassen.

Abschließend sei ausdrücklich auf die Begrenztheit der vorgestellten Ergebnisse dieser Untersuchung hingewiesen, die in erster Linie der Theorieentwicklung diente. Es wurden lediglich zwei Episoden vorgegeben, die natürlich nicht für alle sozialen Ärger- und Angstsituationen repräsentativ sein können. Außerdem basiert die Untersuchung auf Selbstbeurteilungen in vorgestellten Situationen. Wie eng die Zusammenhänge sowohl mit Selbstbeurteilungen als auch mit Fremdbeurteilungen in real erfahrenen Situationen sind, kann erst in nachfolgenden Untersuchungen ermittelt werden.

Literatur

Averill, J. (1982). *Anger and aggression: An essay on emotion.* New York: Springer.

Bortz, J. (1985). *Lehrbuch der Statistik.* Berlin: Springer.

Frijda, N. (1986). *The emotions.* Cambridge: Cambridge University Press.

Gerhards, F. (1988). *Emotionsausdruck und emotionales Erleben bei psychosomatisch Kranken.* Opladen: Westdeutscher Verlag.

Kellerman, H. (1980). A structural model of emotion and personality: Psychoanalytic and sociobiological implications. In R. Plutchik & H. Kellerman (Eds.), *Emotion. Theory, research, and experience. Vol.1* (pp. 39-384). New York: Academic Press.

Laux, L. & Weber, H. (1991). Presentation of self in coping with anger and anxiety: An intentional approach. *Anxiety research, 3,* 233-255.

Lazarus, R.S. (1991). *Emotion and adaptation.* New York: Oxford University Press.

Lazarus, R.S. & Smith, C.A. (1988). Knowledge and appraisal in the cognition - emotion relationship. *Cognition and Emotion, 2,* 281-300.

Montada, L. (1989). Bildung der Gefühle? *Zeitschrift für Pädagogik, 35,* 291-312.

Oldendörp, H. & Pecher, M. (1989). Interviews zur Wahrnehmung und Regulation eigener Gefühle. *GwG Zeitschrift, 77,* 431-439.

Roseman, I.J. (1984). Cognitive determinants of emotion. In P. Shaver (Ed.), *Review of Personality and social Psychology. Vol. 5* (pp. 11-36). Beverly Hills, CA: Sage.

Scherer, K.R. (1984). Emotion as a multicomponent process: A model with some cross-cultural data. In P. Shaver (Ed.), *Review of Personality and social Psychology. Vol. 5* (pp. 37-63). Beverly Hills, CA: Sage.

Scherer, K.R. (1986). Vocal effect expression: A review and a model for future research. *Psychological Bulletin, 99,* 143-165.

Scherer, K.R., Wallbott, H.G. & Summerfield, A.B. (Eds.) (1986). *Experiencing emotion: A cross-cultural study.* New York: Cambridge University Press.

Smith, C.A. & Ellsworth, P.C. (1985). Patterns of cognitive appraisal in emotion. *Journal of Personality and Social Psychology, 48,* 813-838.

Smith, C.A. & Lazarus, R.S. (1990). Emotion and adaptation. In L.A. Pervin (Ed.), *Handbook of Personality: Theory and research* (pp. 606-637). New York: Guilford Press.

Wallbott, H.G. & Scherer, K.R. (1985). Differentielle Situations- und Reaktions-charakteristika in Emotionserinnerungen: Ein neuer Forschungsansatz. *Psychologische Rundschau, 36,* 83-101.

Weber, H. (1993). *Ärger. Psychologie einer alltäglichen Emotion.* Weinheim/München: Juventa.

Weber, H. & Laux, L. (1993). Presentation of emotion. In G.L. van Heck, P. Bonaiuto, I. Deary & W. Nowack (Eds.), *Personality Psychology in Europe. Vol. 4.* Amsterdam: Swets & Zeitlinger.

4. ÄRGER, SELBSTWERT UND SELBSTDARSTELLUNG

Hannelore Weber

4.1 Selbstwertverletzung als Auslöser von Ärger

Angriffe auf die Persönlichkeit, die Verletzung der persönlichen Würde, des Stolzes oder des Selbstwertes gelten seit jeher als Auslöser für Ärger und Aggression (Hall, 1899; Gates, 1926; Meltzer, 1933; McKellar, 1950; Toch, 1969; Averill, 1982; für einen Überblick siehe Weber, 1993a).

In der psychologischen Forschung zu Ärger und Aggression standen Verletzungen des Selbstwertes freilich immer etwas im Schatten anderer Auslöseklassen. Das ist traditionell die Frustration, von der Yale-Gruppe seinerzeit definiert als die Blockierung einer zielgerichteten Handlung (Dollard, Doob, Miller, Mowrer & Sears, 1939). In aktuell bevorzugten Emotionstheorien, die Emotionen als das Produkt einer Interpretation der subjektiv erlebten Person-Umweltbezüge sehen, hat sich eine andere Auslöseklasse in den Vordergrund geschoben: Ärger wird erklärt als Folge der Wahrnehmung, daß andere - schuldhaft - soziale Regeln und Normen verletzen (z.B. Ortony, Clore & Collins, 1988; Scherer, 1986; Roseman, 1984; zusammenfassend Weber, 1993a). Hinter "Frustration" oder "Regelverletzung" können sich natürlich selbstwertverletzende Angriffe gegen die Persönlichkeit verbergen. Eine Beleidigung kann frustrieren, indem etwa das Ziel, sich möglichst gut darzustellen, abrupt blockiert ist. Beleidigungen beinhalten häufig gerade auch, daß Regeln des sozial akzeptierten Benehmens und Umgangs miteinander verletzt werden. Das Spezifische der Selbstwertverletzung geht in den abstrakt definierten Auslöseklassen jedoch unter (diese Vernachlässigung teilen Selbstwertangriffe mit anderen inhaltlich abgrenzbaren Klassen ärgerauslösender Situationen, deren Besonderheiten ebenso hinter "Frustration" oder "Normverletzung" verschwinden).

Selbstwertangriffe sind ihrerseits eine in sich heterogene Klasse von ärgerauslösenden Momenten. Sie lassen sich in eine ganze Reihe unterschiedlicher "Tatbestände" und Spielarten der Provokation unterteilen. Die Varianten sind zahllos und allesamt in ihrer ärgerauslösenden Potenz unmittelbar nachvollziehbar: Vorhaltungen und

Kritik an der Persönlichkeit (Du bist faul) und einzelnen Verhaltensweisen (Du stellst Dich immer so blöde an); Beleidigungen bis hin zu
Schmähungen (Du bist hoffnungslos unfähig); Spott und Ironie (Daß
man mit zwei linken Händen ein Fahrrad reparieren kann); Spitzen
(Ein schönes Kleid, aber bist Du sicher, daß Dir gelb steht?); An-
züglichkeiten (Na, machst Du neuerdings auf jugendlich?); Hänseleien
(Willst Du nicht wieder mal kochen - der angebrannte Auflauf war
doch so lecker); Übergangen- und Mißachtetwerden (Ach, Dich habe
ich gar nicht gesehen); Bloßstellung vor anderen (Habe ich Euch
schon erzählt, wie eifersüchtig sie letzten Samstag war?); fehlende
Anerkennung für eine erbrachte Leistung (Es wurde aber auch Zeit,
daß Du endlich damit fertig wirst).

Zu dieser Gruppe von Kränkungen kommen Anlässe hinzu, die
ebenfalls selbstwertrelevant sein können, vor allem das unerbetene
Eindringen in die Privatsphäre. Hall (1899) hat solche ärgerauslösenden Übergriffe in das "Allerheiligste des Selbst" lebhaft beschrieben;
nach ihm hat sich allerdings keiner mehr mit dieser spezifischen Form
der Ärgerauslösung beschäftigt, obwohl sie so unmittelbar einleuchtet.
Impertinenz, Distanzlosigkeit, von anderen analysiert und "ausein-
andergenommen zu werden" (Du verdrängst Deine Angst vor Deiner
Mutter) sind Beispiele für solche Grenzübertritte. Wenn wir bisweilen
darüber stöhnen, daß andere "nerven", dann steckt dahinter nicht
selten Gereiztheit und Ärger über grenzverletzende Einmischungen.
Unerbetenes Eindringen in das "Allerheiligste des Selbst" ist im
Vergleich zu den Kränkungen auf eine ganz andere Weise selbst-
wertrelevant. Grenzübertritte berauben das Opfer unmittelbar seiner
Integrität an sich, indem die Persönlichkeit in ihrer Schutzzone nicht
mehr respektiert wird. Etwas ähnliches geschieht, wenn andere durch
Bevormundung oder nicht legitimierbare Befehle die eigene Autono-
mie beschneiden. Auch hier wird der Selbstwert durch unerlaubte
Eingriffe in den "Persönlichkeitsraum" verletzt. Solche Autonomiebe-
schneidungen sind offenbar gerade für Heranwachsende eine zentrale
Klasse ärgerauslösender Momente (vgl. Törestad, 1989). Das ist verständlich, denn in der Adoleszenz wird das "Allerheiligste des Selbst"
besonders sensibel überwacht.

4.1.1 Selbstwertverletzung als experimentelles Paradigma
der Aggressionsforschung

Die potentiell ärgerauslösende Wirkung von verbalen Angriffen macht sich vor allem die experimentelle Aggressionsforschung zu Nutze. Verbale Angriffe in Form von Kritik, Herabsetzung oder Beleidigung sind ein klassisches experimentelles Paradigma zur Induktion von Ärger und Aggression. Die naheliegenden (oder stillschweigend mitgedachten) Implikationen dieser Angriffe für Selbstwertgefühl und Selbstkonzept werden jedoch nicht diskutiert, Selbstwertverletzung ist kein Thema. (So beschrieb etwa Buss, 1961, streng verhaltensbezogen mit "insult" oder "verbal attack" stets nur den Tatbestand der Provokation, nicht aber deren vermeintliche Wirkung.) Die Forschungsarbeiten zur Aggression beuten lediglich den Effekt solcher Angriffe aus, nämlich die erhoffte oder vorausgesetzte Induktion von Ärger, der dann wiederum, so die Annahme, Aggression auslöst. Erst das Ende der Kette, Aggression, ist der eigentliche Forschungsgegenstand - alles andere lediglich Mittel zum Zweck. Die intrapsychischen "Zwischenstücke", Ärger und seine kognitiven Folgen, werden denn auch meist nicht erfaßt, sondern stillschweigend vorausgesetzt.

Die Wirksamkeit wird jedoch hoch eingeschätzt. Buss (1961) betont, daß verbale Angriffe potente ärgerauslösende Faktoren sind, in ihrer Wirkung allemal "erfolgreicher" als bloße Frustration. Frustrationsexperimente, z.B. induziertes Versagen, sollen durch Beimischung von verbalen Attacken zusätzliche Schärfe erhalten (Murray, 1985; Kernis, Grannemann & Barclay, 1989). Frustration, in den Experimenten verhaltensnahe operationalisiert als Zielblockierung, kann natürlich als solche selbstwertbeeinträchtigend sein, wenn etwa Aufgaben unlösbar gestaltet werden. Diese Wirkung wird aber selten so gesehen; auch hier versperrt das strikt verhaltensbezogene Verständnis von Frustration den Blick auf innerpsychisches Geschehen.

Buss (1961) hatte noch angenommen, daß die aggressionserzeugende Wirkung von verbalen Attacken davon abhängt, ob und wie stark diese persönlich formuliert sind. Eher sachbezogene Kritik (Diese Aufgabe wurde nicht sorgfältig genug bearbeitet) ruft, folgt man seiner Annahme, weniger Ärger hervor, als es personalisierte Angriffe tun (Diese schlampige Arbeit zeugt von Deiner mangelnden Fähigkeit). Diese durchaus plausible Hypothese konnten Green und Murray (1973) in ihrer Studie allerdings nicht bestätigen, d.h. ein stärker auf die Persönlichkeit bezogener Angriff erwies sich im

Vergleich zu einer eher sachbezogenen Kritik als nicht aggressions-
fördernder (Ärger selbst wurde nicht erfaßt, es wurde aber - wie stets
in diesen Experimenten - eine lineare Beziehung zwischen Intensität
von Ärger und Ausmaß an Aggression angenommen). Eine mögliche
Erklärung könnte sein, daß Kritik an sich bereits ausreicht, um sehr
intensiven Ärger zu erzeugen. Es wird schnell ein Deckeneffekt
erreicht, der sich kaum mehr steigern läßt.

Ansätze zum Ärgermangagement halten sich dagegen an die
These, Personalisierung steigere Ärger und Aggression. Sie sind daher
folgerichtig bemüht, Strategien der "Entpersonalisierung" herauszu-
arbeiten, mit denen Provokationen die Schärfe genommen werden
soll. Das geschieht vor allem durch entsprechende Selbstinstruktionen,
einen Angriff nicht als auf die eigene Persönlichkeit bezogen zu
interpretieren. "Don't take it personally", "Nimm's nicht persönlich",
ist die klassische Selbstinstruktion (Novaco, 1975, 1979), mit der man
auch im Alltag schnell bei der Hand ist, um andere zu "trösten" oder
zur Kontrolle zu bringen. Das Problem ist jedoch, daß viele Provokationen persönlich gemeint sind, "ärgern" sollen - da helfen alle "ent-
personalisierenden" Uminterpretationen nichts. Wenn schon Umdeutung, dann kommt nur noch entschärfende Bagatellisierung in Frage,
z.B. "Sie greift mich nur deshalb an, weil sie sich unsicher fühlt".

4.1.2 "Angriffsverstärker"

Als würden selbstwertverletzende Angriffe an sich schon nicht
genügen, können Momente hinzukommen, die ihren prinzipiell ärgerauslösenden Effekt noch einmal verstärken. Das sind Selbstöffnung,
"wunde Punkte", weiterhin ein niedriges Selbstwertgefühl und/oder
negatives Selbstkonzept.

4.1.2.1 Selbstöffnung

Ein erster Faktor, der die Vulnerabilität gegenüber Selbstwertangriffen
noch einmal erhöhen kann, ist die Preisgabe persönlicher Informationen. Selbstenthüllungen bieten potentiellen Angreifern Angriffsfläche,
sie stellen die Zielscheibe.

Ein Beispiel aus der Aggressionsforschung bestätigt die für
künftige Opfer tückischen Konsequenzen von Selbstenthüllungen. Auf
der Suche nach einem möglichst wirkungsvollen Auslöser für Ärger

und Aggression sind Green und Murray (1973) auf die Idee verfallen, ihre Versuchsteilnehmerinnen (es waren nur Frauen) zunächst zu einer Preisgabe persönlicher Informationen zu nötigen, um sie dann auf der Basis dieser Selbstöffnung anzugreifen. Die Autoren sahen sich zu dieser Niedertracht gezwungen, da sie - sicherlich zu Recht - davon ausgingen, daß StudienteilnehmerInnen im allgemeinen über ausreichende Abwehrstrategien gegen verbale Übergriffe verfügen. Diese Abwehr, die natürlich für alle entsprechenden experimentellen Anordnungen in gleichem Maße zu vermuten ist, galt es zu umgehen, um Ärger und Aggression als Basis für nachfolgende Versuche zu erzeugen.

Die Hypothese der Autoren war, daß eine vorausgehende Selbstöffnung die Abwehr schwächt, d.h. für nachfolgende Kritik besonders vulnerabel macht und eine erhöhte Aggression zur Folge hat. Die Ergebnisse bestätigen die Annahme. Diejenigen, die sich gegenüber einer Pseudo-Mitspielerin geöffnet hatten und ihr schriftlich sehr persönliche Informationen preisgegeben hatten, reagierten auf ihre nachfolgenden Angriffe vermehrt aggressiv. Da machte es sogar kaum einen Unterschied, ob diese Attacke eher sachbezogen war (der Sprachstil wurde beanstandet) oder stärker personalisiert wurde (die Ehrlichkeit und Authentizität der Information wurde angezweifelt).

Daß Selbstöffnung die Vulnerabilität gegenüber Angriffen erhöht und entsprechend intensiven Ärger hervorrufen kann, gehört zweifellos zu den Erfahrungen, für die jeder oder jede schnell ein eigenes Beispiel beisteuern kann. Diese Art von Verwundbarkeit gehört zu den Schattenseiten gerade auch vertrauter Beziehungen. Miteinander vertraut werden, sich mitteilen heißt, Einblicke in das eigene Selbstkonzept bieten - die dann von anderen ausgenutzt werden können, indem sie zielgenau dort treffen können, wo es besonders wehtut. Ärgererhöhend ist an diesem bösen Spiel die Tatsache, daß der oder die andere mit seinem oder ihrem Angriff eine soziale Regel bricht, nämlich Informationen über mich gegen mich verwendet. Zu dem an sich schon hinterhältigen Angriff kommt also ein gemeiner Regelbruch hinzu. Unter dieser Perspektive ist also Selbstöffnung nicht unbedingt erstrebenswert, so sehr beispielsweise Jourard (1968) "Self-disclosure" als Merkmal und Voraussetzung einer "gesunden" Persönlichkeit lobt. Ich tue bisweilen gut daran, den Mund zu halten - zumindest aber, mir der Verwundbarmachung bewußt zu sein.

4.1.2.2 "Wunde Punkte"

Durch Selbstöffnung biete ich - sozusagen freiwillig - den anderen Angriffspunkte und schaffe mir damit meine eigene Vulnerabilität (eine Konstellation, die häufig genug im Nachhinein Anlaß ist, daß ich mich über mich selbst ärgere).

Anders steht es um einen zweiten Faktor, der ebenso angetan ist, Vulnerabilität gegenüber selbstwertverletzenden Angriffen zu erhöhen. Das sind unsere "wunden Punkte", persönliche Achillesfersen, Schwächen, Eitelkeiten, Idiosynkrasien, die, wenn sie getroffen werden, besonders wehtun - und intensiven Ärger erzeugen (so schon die Analyse von Hall, 1899). Ein solcher Treffer muß vom anderen nicht unbedingt bewußt und gezielt angepeilt worden sein, im Gegenteil. Manchmal merkt er oder sie erst an meiner Reaktion, daß und wie die Bemerkung traf.

In diesen wunden Punkten zeigt sich geradezu musterhaft die Idee, daß Emotionen an individuelle Person/Umwelt-Bezüge gebunden sind, wie es kognitive Emotionstheorien ausführen (z.B. Averill, 1982; Frijda, 1986; Lazarus, 1991; Ortony et al., 1988; Scherer, 1986; Scheele, 1990). Demzufolge entstehen Emotionen grundsätzlich als Produkt individueller Geschehenskonstruktion. Auf den Ärger übertragen heißt das, daß er dann entsteht, wenn Dinge geschehen, die meinen Bedürfnissen zuwiderlaufen (und in denen zusätzlich persönliche oder allgemeine Regeln verletzt werden). Ärger offenbart also - sozusagen im Umkehrschluß - daß und durch was ich getroffen wurde, daß selbstrelevante Inhalte berührt sind.

Ärger über Angriffe, die viele andere ebenso verletzen würden, z.B. Beschimpfungen beim Autofahren, offenbaren wenig über die eigene Persönlichkeit. Der Theorie von Averill (1982) zufolge ärgern wir uns zwar in erster Linie über allgemeine Normverletzungen; das schließt aber die vielen personspezifischen Auslösekonstellationen, unseren sehr privaten Ärger, nicht aus. Dinge, die uns besonders wichtig und teuer sind, erhöhen die Vulnerabilität gegenüber Angriffen. Wenn gleichzeitig nach außen hin ruchbar wird, daß es sich um individuelle Verletzbarkeiten handelt, kann der resultierende Ärger vielleicht besonders intensiv sein.

Leider fehlen Arbeiten, die diese Idee systematisch aufgreifen und einer empirischen Analyse unterziehen, obwohl sie von den theoretischen Überlegungen her überaus klar vorbereitet ist. Seneca sieht, so die Ermahnungen in "De ira", das Streben nach Besitz, nach Status und Ehre als wesentliches Moment persönlicher Anfälligkeit für Ärger und Aggression. Solche persönlichen Begehrlichkeiten, Eitelkeiten und Statusansprüche, die nach Seneca besonders ärgeranfällig machen, sind Bestandteile von Selbstbildern, mit denen ich im Sinne eines Idealselbst liebäugele - und die meine wunden Punkte ausmachen. Fehlen die Begehrlichkeiten, (die nach Seneca streng zu bekämpfen sind), so ist allem Ärger der Boden entzogen.

4.1.2.3 Niedriges Selbstwertgefühl und negatives Selbstkonzept

Neben Selbstöffnung und den wunden Punkten kann ein weiterer Faktor die Vulnerabilität gegenüber ärgerauslösenden Selbstwertverletzungen möglicherweise erhöhen, und das sind ein niedriges Selbstwertgefühl und/oder ein negatives Selbstkonzept.

Für den Zusammenhang zwischen Selbstwertgefühl und Ärgerneigung gibt es jedoch widersprüchliche Hypothesen (Kernis et al., 1989). Zum einen wird argumentiert, daß ein *niedriges* Selbstwertgefühl für Angriffe vulnerabel macht und daher die Ärgerneigung *erhöht*. Diese Annahme liegt allen Ansätzen zugrunde, die auch Aggression durch ein niedriges Selbstwertgefühl begünstigt sehen (Toch, 1969; Murray, 1985). Ärger und Aggression werden in dieser Überlegung als eine defensive Strategie verstanden, mit der ein ohnehin schon niedriger Selbstwert bei Angriffen geschützt werden soll.

Die gegenteilige Hypothese geht davon aus, daß Menschen mit *hohem* Selbstwertgefühl auf Angriffe hin mit *mehr* Ärger reagieren. Begründet wird dies damit, daß die Selbstwerthöheren möglicherweise eher den Mut und die Souveränität haben, sich über bestehende soziale Hemmungsmechanismen gegenüber Aggression hinwegzusetzen. Selbstwertschwächere hingegen könnten, so die Annahme, sich stärker an solche einhaltgebietenden Normen gebunden fühlen. Selbstwerthohe könnten zudem eher geneigt sein, Angriffe als ungerechtfertigt zu interpretieren (Ich bin nicht unfähig!) und daher mit erhöhtem Ärger zu reagieren.

Kernis et al. (1989) schlagen eine Konzeption vor, die beide Annahmen verbindet. Sie unterscheiden zwischen Höhe und Stabilität des Selbstwertgefühls und gehen davon aus, daß es im Hinblick auf Ärgeranfälligkeit zu einer Interaktion zwischen beiden kommt. Am meisten anfällig sind Menschen mit hohem, aber instabilem Selbstwertgefühl, denn diese sind gegenüber Angriffen besonders vulnerabel, da ihr Selbstwertgefühl starken situativen Schwankungen unterliegt. Besonders wenig ärgergeneigt sind hingegen jene, die über ein stabiles hohes Selbstwertgefühl verfügen und Angriffe gut abwehren können. Menschen mit niedrigem Selbstwertgefühl liegen zwischen diesen beiden Extremgruppen. Für sie, so die Hypothese, würde auch die Selbstwertschwankung weniger drastische Folgen haben als für Menschen mit hohem Selbstwertgefühl.

Die Autoren haben ihre Annahmen nicht experimentell überprüft, Korrelationen mit Fragebogendaten zeigen aber, daß in der Tat ProbandInnen mit hohem, aber instabilem Selbstwertgefühl die höchste, solche mit einem hohen stabilen Selbstwertgefühl die niedrigste Neigung angeben, auf Provokationen hin Ärger zu empfinden. Unterschiede betreffen also das *Gefühlsempfinden*, für den *Ausdruck* von Ärger gilt der Zusammenhang nicht. Hier nun spielt die Stabilität keine Rolle, denn ausdrucksfreudiger, so die Selbstberichte, sind generell ProbandInnen mit hohem Selbstwertgefühl. Diese Ergebnisse zeigen vor allem auch, daß zwischen der Ärgerneigung und der Form der Reaktion auf Ärger sehr wohl unterschieden werden muß, was häufig nicht geschieht: Es ist eine Sache, ärgerlich zu werden - eine andere, den Ärger auch zum Ausdruck zu bringen.

Was nun die Form der *Reaktion auf Ärger* betrifft, so sind die vorliegenden Ergebnisse nicht allzu aufschlußreich. In den von Murray (1985) zitierten Studien reagierten die Teilnehmenden mit niedrigerem Selbstwertgefühl aggressiver - das experimentelle Design bot ihnen außer Aggression (Stromstöße austeilen) allerdings auch keine Alternative. Ergebnisse aus zwei anderen Studien, von denen Murray (1985) berichtet, legen jedoch nahe, daß ProbandInnen mit niedrigerem Selbstwertgefühl Probleme haben, Provokationen assertiv zu begegnen. Die eingeschränkte Handlungsfreiheit in den experimentellen Forschungsdesigns erlaubt allerdings keine Aussagen darüber, wie sich das Selbstwertgefühl grundsätzlich auf den Umgang mit Ärger auswirkt. Auch bleibt in den vorliegenden Arbeiten offen, welche Rolle die Art der Provokation spielt. Genau dies sind die Fragen, denen eine eigene Studie nachging, deren Ergebnisse in dem folgenden Exkurs vorgestellt werden.

4.2 Exkurs: Eine Studie zum Zusammenhang zwischen Selbstkonzept und Ärgerbewältigung

In einer Studie von Kuckuck und Polivka (1990; ausführlich Weber, 1991) wurden Zusammenhänge zwischen dem Selbstkonzept, erfaßt über die Gesamtskala der Frankfurter Selbstkonzeptskalen von Deusinger (1986), und dem Umgang mit unterschiedlich selbstwertrelevanten Provokationen untersucht.

In der Studie wurden 30 jungen Frauen und 30 jungen Männern - über ein verbales Skript - drei Situationen vorgelegt, die in ihrer Selbstwertrelevanz variieren. Situation 1, laute Musik der Nachbarn am Abend vor einer wichtigen Prüfung, ist, so die Hypothese, selbstwertfrei. Situation 2, in der ein Rendezvouspartner nicht zu einer Verabredung erscheint und ich wartend in einer Kneipe sitze, ist in ihrem Selbstwertgehalt im Prinzip völlig offen: die Situation kann in höchstem Maße selbstwertbedrohlich sein, wenn ich das Nichtkommen interpretiere als "der/die andere kommt nicht, weil er/sie kein Interesse an mir hat"; die Situation ist weniger bedrohlich, wenn ich das Nichtkommen auf andere Gründe zurückführe oder offenhalte, warum der/die andere nicht erscheint. Situation 3 beinhaltet einen faktischen, kaum umzudeutenden Angriff auf den Selbstwert: Hier berichtet der eigene Partner in aller Öffentlichkeit von meiner Eifersucht, und zwar vor einer Gruppe, die Eifersucht als schnöde Besitzgier ablehnt.

Erfaßt wurden - über Fragebogenitems - die emotionale Reaktion auf die Situationen, die Bewältigungsreaktionen und die damit angestrebten Bewältigungsziele. Die Ergebnisse der 2x2x3-faktoriellen Varianzanalysen (Geschlecht, nach Mediansplit gebildete Gruppen mit höherem vs. niedrigerem Selbstkonzept, drei Situationen) werden nachfolgend kurz dargestellt. (Ausführliche Darstellung der Daten siehe Weber, 1991; die Mittelwerte der Selbstkonzept-Skala unterscheiden sich für Frauen und Männer nicht, das Geschlecht wurde wegen möglicher Interaktionseffekte dennoch als Faktor berücksichtigt). Bei der Interpretation der Daten ist zu berücksichtigen, daß es sich um selbstberichtete Reaktionen auf Situationen handelt, in die sich die ProbandInnen hineinversetzen mußten.

4.2.1 Emotionale Reaktionen

Die emotionale Reaktion auf die jeweilige Situation wurde anhand einer Liste mit 15 Emotionen (z.B. Wut, Angst) bzw. kognitiv-affektiven Reaktionen (z.B. Resignation) erfaßt. Die Hyothese war, daß die TeilnehmerInnen mit einem positiveren Selbstkonzept sich in den beiden selbstwertrelevanten Situationen 2 (von einem Rendezvouspartner sitzengelassen werden) und 3 (Partner erzählt von meiner Eifersucht) weniger in ihrem Selbstwertgefühl verletzt fühlen und weniger Ärger empfinden als solche mit einem schwächeren Selbstkonzept. In der Lärm-Situation sollten sich keine Unterschiede zwischen beiden Gruppen ergeben. Die Hypothesen folgen damit einer interaktionistischen Sichtweise, der zufolge der Einfluß des Selbstkonzeptes von der Selbstwertrelevanz der Situation abhängt. Alternative Hypothese, die ebenso ernsthaft zur Diskussion steht, ist, daß sich in allen drei Situationen ein durchgängiger Einfluß des Selbstkonzeptes und damit vor allem Haupteffekte zeigen.

Die Ergebnisse sehen nun so aus, daß die Gruppe mit dem schwächeren Selbstkonzept, so die Angaben,

- *sich stärker in ihrem Selbstwert verletzt fühlt*
- *mehr Unsicherheit*
- *mehr Angst und*
- *tendenziell mehr Wut empfindet.*

Ein weniger positives Selbstkonzept ist damit mit einer höheren Verletztheit des Selbstwertgefühls verbunden, und zwar auch als *Haupteffekt*, was in der Form nicht vorhergesagt wurde, der jedoch durch einen *Interaktionseffekt* überlagert wird. Ein signifikanter Unterschied zwischen den Gruppen ergibt sich nur in der kritischen Rendezvous-Situation, in der ja offen ist, ob und wie sehr sie als selbstwertverletzend zu interpretieren ist, nicht in den beiden anderen Situationen. Damit bestätigt sich der erwartete Interaktionseffekt, der aber in diesem Falle einen Haupteffekt akzentuiert.

Nicht bestätigt wird die Hypothese, daß ein weniger positives Selbstkonzept mit erhöhtem Ärger verbunden ist. Selbstkonzeptschwächere empfinden jedoch zumindest tendenziell in allen Situationen mehr Wut, d.h. die im Vergleich zum Ärger heißere und auch aggressivere Emotion. Offenbar, so das Ergebnisbild insgesamt, wirkt sich das Selbstkonzept weniger auf die Zielemotion "Ärger" aus, sondern auf die soziale Angst. Es ist die Kombination aus höherer Angst und Unsicherheit, aggressiv eingefärbt durch Wut, durch die sich die Gruppe mit niedrigeren Selbstkonzept-Werten kennzeichnet. (Zwei Interaktionseffekte für "Selbstmitleid" und "Traurigkeit" kommen hinzu; sie sind hier aber nicht weiter wichtig).

4.2.2 Bewältigungsziele

Die in den Situationen verfolgten Ziele wurden über eine Liste mit 12 Intentionen erfaßt; die Items greifen, allerdings mit unterschiedlichem Gewicht, die vier Zielfacetten auf (Emotions-, Situations-, Selbst- und Beziehungsregulation), die in Kap. 1 dargestellt wurden (siehe dort Tab. 1.1).

Angenommen wurde, daß in den beiden als selbstwertrelevant konstruierten Situationen 2 (Rendezvouspartner) und 3 (Eifersucht) die ProbandInnen mit niedrigeren Selbstkonzeptwerten stärker Ziele angeben, die Selbstschutz zum Inhalte haben; nicht hingegen in der Lärm-Situation.

Die erwarteten Unterschiede in den konstruktnahen Intentionen zeigen sich als Haupteffekt (und nicht, wie erwartet, als Interaktionseffekt!), und zwar in der Form, daß die TeilnehmerInnen mit einem negativeren Selbstkonzept stärker angeben,

-   *verhindern zu wollen, daß offensichtlich wird, wie verletzbar sie sind, daß sie ihre Verletzbarkeit verbergen oder überspielen wollen* und
-   *daß sie nicht als der letzte Depp dastehen und sich nicht blamieren wollen* (in beiden Fällen Itemwortlaut).

Daß diese selbstschutzbezogenen Ziele von den Selbstkonzeptschwächeren in *allen drei* Situationen mehr angestrebt werden, überrascht insofern, als die Lärm-Situation keinen Angriff auf den Selbstwert beinhaltet. Selbstwertschutz ist zwar in diesem Fall erwartungsgemäß schwach ausgeprägt (absolut gesehen), er spielt aber eben doch eine Rolle. Eine naheliegende Erklärung könnte darin liegen, daß hier zwar der Anlaß nicht selbstwertrelevant ist, aber eben der Umgang mit der Situation. Frage ist nämlich, wie ich dastehe, wenn ich mich bei den Nachbarn beschwere. Selbstwertschutz könnte also relevant werden, wenn es darum geht, sich durch das Verhalten keine Blöße zu geben.

Zwei bemerkenswerte Interaktionseffekte kommen hinzu. Die Selbstkonzeptschwächeren geben an, im Falle des nachbarlichen Lärms sich *möglichst wenig mit der Situation auseinandersetzen* und weniger *in ihre Gefühle hineinsteigern* zu wollen. In den beiden selbstwertrelevanten Situationen zeigen sich diese Unterschiede nicht. Auffallend ist damit, daß die Gruppe mit dem schwächeren Selbstkonzept nun gerade dort eine Auseinandersetzung zu meiden sucht (und

Emotionsdämpfung spricht ähnlich für eine aktionsmeidende Bewälti-
gung), wo ein direktes Eingreifen am meisten naheliegt: sich bei den
Nachbarn zu beschweren. Eine Beschwerde wäre allerdings der
Inbegriff assertiver Bewältigung, und gerade damit haben die
Selbstkonzeptschwächeren offenbar ihre Probleme. Die Ergebnisse
könnten damit die von Murray (1985) berichteten bestätigen.

4.2.3 Bewältigungsreaktionen

Um zu erfassen, wie die ProbandInnen mit den Situationen umgehen
würden, wurde eine Liste mit 17 Bewältigungsreaktionen vorgegeben;
diese repräsentieren Grundformen der Bewältigung, wie sie in Kap. 1
dargestellt wurden.

Die Hypothese war, daß in den beiden selbstwertbezogenen
Situationen ProbandInnen mit niedrigeren Selbstkonzept-Werten ein
weniger assertives und mehr defensiv-aggressives Verhalten angeben.
Die größten Unterschiede, so die Annahme, ergeben sich in der
Rendezvous-Situation, da hier die Deutungsoffenheit zwischen beiden
Gruppen am meisten differenziert.

Auch für die Bewältigungsreaktionen trifft zu, daß sich die
erwarteten Verhaltensunterschiede als Haupteffekte niederschlagen,
und zwar in der Form, daß die Gruppe mit niedrigeren Selbstkonzept-
Werten

- *den anderen in Gedanken mehr abwertet*
- *Gefühle mehr unterdrückt und*
- *Gefühle überspielt und verbirgt.*

Mit diesen Unterschieden bestätigt sich indirekt die Annahme, ein
höheres Selbstkonzept äußere sich in assertivem Verhalten und
offenem Ausdruck von Ärger, da ein niedrigeres Selbstkonzept verbunden ist mit mehr untätigem Unterdrücken, antagonistisch getönt
durch die stille Abwertung des anderen. Offenbar, so die naheliegende
Interpretation, verlagert sich hier das assertive Auftreten dem anderen
gegenüber nach innen, der Gegenangriff erfolgt unsichtbar: Da eine
offene Konfrontation, vermutlich aus Unsicherheit und Angst heraus
gefürchtet wird, findet die Aburteilung im Stillen statt.

Im Hinblick auf die Reaktionen kommt ein Interaktionseffekt
hinsichtlich der Situation hinzu, und zwar für das Item "Ich mache
gar nichts, warte einfach ab". Diese Reaktion geben die Selbstkon-

zeptschwächeren in signifikant höherem Ausmaß in der Lärm-Situation an - also wieder dort, wo abwarten wenig sinnvoll ist, weil etwas getan werden kann. Erneut zeigt sich, daß ein niedrigeres Selbstkonzept mit einem weniger assertiven Verhalten verbunden ist.

Ein letzter Interaktionseffekt ergibt sich für den Zusammenhang zwischen Selbstkonzept und Geschlecht. Frauen mit hohem Selbstkonzept aktivieren mehr Problemlöseplanung, während bei den Männern diejenigen mit niedrigem Selbstkonzept dies tun. Dieses Ergebnis könnte zu der Hypothese anregen, ein hohes Selbstkonzept habe für Frauen einen anderen Stellenwert (vgl. Weber, 1992; Piontek, 1991).

Insgesamt ist auffallend, daß sich alle konstruktkongruenten Unterschiede (stärkere Verletztheit, mehr Selbstschutz, defensiv-aggressive Reaktionen) als Haupteffekte niederschlagen, wenn auch einige bedeutsame Interaktionseffekte hinzukommen. Ein stärker positives Selbstkonzept erscheint somit in erster Linie als eine *generelle* Ressource, die einen Menschen zusätzlich mit situationsspezifischen Stärken versieht. Ein weniger positives Selbstkonzept schickt ihn gleich mit einem mehrfachen Handicap ins Rennen, leichter verletzbar, mit erhöhter Angst, Unsicherheit und Wut, einem stärkeren Bedürfnis nach Selbstwertschutz und einer weniger assertiven, bezogen auf die Situation unangemesseneren Bewältigung.

Die Unterschiede sind insofern bedeutsam, da die TeilnehmerInnen insgesamt über ein hohes Selbstkonzept verfügen, und damit zwei Gruppen mit absolut hohem, nur *relativ* schwächerem und stärkerem positiven, Selbstkonzept verglichen werden. Die Effekte würden womöglich verstärkt, wenn ProbandInnen mit einem auch absolut eher negativen Selbstkonzept einbezogen würden.

4.3 Selbstdarstellungsprobleme als Folge des Ärgers

Es ist eine gängige Vorstellung, daß Aggression die naheliegende, wenn nicht "selbstverständliche" Reaktion auf selbstwertverletzende Angriffe ist. Alternativen treten in der ersten Assoziation vermutlich schnell in den Hintergrund. Das ist unangemessen, da im Alltag vielen Provokationen auf andere Art und Weise begegnet wird - und natürlich auch begegnet werden muß.

4.3.1 Ehrverletzung und Aggression

Die Ahndung von Ehrverletzung durch Gewalt ist ein uraltes Prinzip. Angriffe gegen persönliche Würde und Stolz gelten als Provokationen, die nach dem Verständnis vieler Strafrechtsordnungen die Anwendung von Gewalt zumindest zu einem Teil entschulden. Strafmaßmilderung ist die Folge (Averill, 1982). Aristoteles beschrieb in seiner "Nikomachischen Ethik", daß es den "Hochsinnigen", das sind die um Ehre Bemühten, geziemt, bei ungebührlichen Angriffen zornig zu werden und die eigene Ehre sowie die von Nahestehenden zu verteidigen. Wie sehr Aggression bei Ehrverletzung nicht nur erlaubt, sondern sogar geboten ist, zeigt die Einrichtung des Duells.

In einer sehr anschaulichen Studie hat Toch (1969) beispielhaft beschrieben, in welch hohem Ausmaß Angriffe, die nach der Interpretation der Betroffenen den Selbstwert bedrohen oder verletzen, Gewalt auslösen. Nach seiner Analyse von Gewalttraftätern, von "Violent men" (so der Titel seines Buches) sind der Schutz des Selbstwertes und der Aufbau von - gruppenbezogenen - positiven Images die beherrschenden Motive für die Anwendung von Gewalt. In einem Überblick über ärgermotivierte Gewalttätigkeit geht auch Novaco (1986) davon aus, daß verbale Attacken, als Herausforderung, Drohung oder Beleidigung interpretiert, am Anfang zahlloser Gewalttaten stehen. Ein Blick auf Zeitungsreportagen über Gerichtsverhandlungen zeigt den Stellenwert, den "Ehre" in der Urteilsfindung einnimmt.

Aggressionstheorien beschäftigen sich jedoch nur am Rande mit dem Zusammenhang zwischen Selbstwertverletzung, Aggression und Selbstdarstellung. Lediglich Felson liefert eine stringente selbstdarstellungsbezogene Erklärung für selbstwertmotivierte Aggression. In seiner Impression Management Theorie interpretiert Felson (1978, 1984) Aggression als den Versuch, eine durch Angriffe ramponierte situative Identität zu retten. Indem ich auf Angriffe eines anderen mit einer Gegenattacke reagiere, beweise ich Stärke, Mut und Kompetenz. Der/die andere und ich treten so mit einem gegenseitigen Schlagabtausch in einen Wettbewerb um die günstigste situative Identität ein. Würde ich nicht aggressiv reagieren, so Felson, verlöre ich in vielen Fällen von vornherein den Imagestreit. Der Erfolg hängt dabei jedoch von den Standards des Publikums ab. Felson erwähnt Ärger allerdings nur beiläufig, in einer Fußnote.

4.3.2 Selbstschutz jenseits von Aggression

Aggression ist, und das kann gar nicht nachdrücklich genug gesagt werden, lediglich eine Form der Reaktion auf Ärger, und das gilt für Selbstwertverletzung ebenso wie für alle anderen Ärgerauslöser (vgl. Weber, 1991; 1993a). Die Frage ist also, welche Möglichkeiten grundsätzlich bestehen, mit selbstwertbezogenem Ärger umzugehen. Durch welche Form der Reaktion kann ich einem Angriff auf mein Selbst begegnen?

Grundsätzlich ist meine Ausgangsposition denkbar ungünstig, wenn ein Angriff erfolgt ist: das Faktum ist geschaffen. Ich muß auf Kritik, Schmähung, Bloßstellung, Mißachtung eine Form der Selbstdarstellung finden, die geeignet ist, einen Imageschaden abzuwehren, ihn zu mildern oder gar ins Gegenteil zu verkehren, so daß ich imagegestärkt aus der Situation hervorgehe. Daß mir grundsätzlich in hohem Maße an Selbstwertschutz und an positiver Selbstdarstellung gelegen ist, bezeugen die Intentionen, die in Ärgerepisoden verfolgt werden (vgl. Fritsch & Weber, 1991; Weber, Laux & Burda-Viering, 1991; Kap. 3). Den Selbstwert zu schützen kann als Bewältigungsziel sogar signifikant stärker angestrebt werden als die Regulation der Gefühle (Weber & Laux, 1993 und Kap. 3).

Welche Reaktionen geeignet sind, Selbstwertverletzungen zu begegnen, und das effektiv, ist weitgehend ungeklärt. Studien aus der Aggressionsforschung helfen kaum weiter, da hier von vornherein ja nur eine mögliche Reaktion - eben Aggression - untersucht wird. Speziell zu Ärger (nicht Aggression) und Selbstwert liegen kaum Studien vor. Eigene Arbeiten, in denen ein breites Reaktionsspektrum angeboten wurde, liefern jedoch Anhaltspunkte.

Eine erste Studie untersucht, wie Fußballprofis, die für ein Spiel nicht aufgestellt und auf die Bank verbannt werden, diese für sie in hohem Maße ärgererzeugende und selbstwertrelevante Situation bewältigen (Fritsch & Weber, 1991). Die Ergebnisse zeigen, daß das Bewältigungsziel, sich in dieser Situation möglichst assertiv selbst darzustellen (Markieritems "Verhindern, daß es zu einem Konflikt kommt", "Mir selbst beweisen, daß ich die Situation im Griff habe", "Den Eindruck vermitteln, daß es mir nichts ausmacht") mit folgenden Bewältigungsreaktionen verbunden war: sich in die Rolle des Trainers hineinversetzen; das Ganze nicht so wichtig nehmen; der Sache positive Seiten abgewinnen; hinzu kamen schlichte Ablenkung und das Bemühen, die Sache zu vergessen. Das Ziel einer assertiven Selbstdarstellung im Umgang mit dieser spezifischen Ärger-Situation wurde also durch eine den Angriff deevaluierende Strategie zu verwirklichen gesucht - und gerade nicht mit aggressiven Reaktionen. Aggressiven Bewältigungsreaktionen wiederum lag eine primär defensive Absicht zugrunde, nämlich vor den anderen nicht allzu schlecht dazustehen, sie gleichzeitig auch als Kampfgefährten gegen den Trainer zu gewinnen.

In einer Studie zur Bewältigung partnerbezogener Ärgerepisoden zeigt sich, daß die teilnehmenden Paare durch eine Kombination aus offen-beherrschtem Ausdruck und positiver Umdeutung ihr Selbstwertgefühl am ehesten zu retten vermögen (Weber et al., 1991). In dieser Studie wurde "Selbstwertschutz" explizit als ein Kriterium für die erfolgreiche Bewältigung einer Ärgerepisode erfaßt.

Beide Studien kommen also im Hinblick auf den Ausdruck von Ärger zu unterschiedlichen Ergebnissen. Ist es im ersten Falle äußere "Coolness", die sich mit dem Ziel einer assertiven Darstellung verbindet, so hilft im zweiten Falle der beherrschte Ausdruck, den Selbstwert zu schützen. So unterschiedlich kann also der Ausdruck von Ärger wirken. Um die expressiven Reaktionen auf Ärger oder die Darstellung von Ärger soll es nun im letzten Abschnitt gehen.

4.4 Selbstdarstellungsprobleme mit dem Ärger

Ärger ist eine soziale, publikumsträchtige Emotion (vgl. Wallbott, 1993). Folgt man den kognitiven Emotionstheorien, gehören zum Ärger auf jeden Fall schon einmal zwei: Ein Opfer und ein Täter. Meist kommt noch ein größeres Publikum hinzu. Im Hinblick auf die Emotion Ärger waren gerade die expressiven Reaktionen von jeher von besonderem Interesse. Das liegt jedoch vor allem an der psychosomatischen Forschung und ihrer traditionsreichen These, die Unterdrückung von Ärger mache krank (so der Klassiker Alexander, 1939; für Überblick Hodapp & Schwenkmezger, 1993; Schwenkmezger, 1990; Weber, 1993a). Die Konzentration auf die psychosomatischen Folgen expressiver Ärgerreaktionen hatte aber zur Folge, daß die sozial-interaktiven Wirkungen in der Forschung eher unbeachtet blieben. Die expressive Gestaltung des Ärgers und die damit verbundene Selbstdarstellung der sich Ärgernden sind aber auf jeden Fall ein anrührendes Thema; Alltagserzählungen leben davon; auch bedienen sich alle Filmgenres (und hier gerade die Komödie!) gerne des Ärgers und seiner Darstellung.

Den Protagonisten bietet sich für ihre Darstellung die gesamte Palette an Ausdrucksmöglichkeiten, denn wie für keine andere Emotion sind sämtliche Spielarten des Ausdrucks für den Ärger "brauchbar" - angefangen vom explosiven ungestümen Ausdruck über Kontrolle, subtile Andeutung bis hin zu perfektem Verbergen und Unterdrückung. Ärger ist daher ein ideales Medium für Selbstdarstellung - wie sehr Ärger und Zorn genützt werden können, sich selbst zu schützen oder aufzubauen und andere gleichzeitig in Schach zu halten, das beschrieb schon Alfred Adler (1984; Original: 1927). Wenn nun eine Selbstwertverletzung Ärger auslöst, ist es besonders spannend zu verfolgen, welche Formen der Emotionsdarstellung geeignet sind, Selbstschutz zu bieten.

Da zu der Frage, welche Form der Ärgerdarstellung wie wirkt, kaum empirische Studien vorliegen, soll im folgenden die Wirkung von unterschiedlichen Ausdrucksmodellen mehr spekulativ "durchgespielt" werden. Fünf Modelle der Darstellung von Ärger werden skizziert. In sie fließen Überlegungen ein, die über die Literatur hinweg zum Ärger diskutiert werden. Berücksichtigt wird zudem, wie gesellschaftliche Leitbilder zum Umgang mit Ärger aussehen. In jedem Falle geht es um die Frage, wo die Stärken, wo die Schwächen der einzelnen Modelle liegen.

Modell 1: Der Ärgerausbruch

Der Prototyp der Ärgerreaktion ist zweifellos der Ausbruch mit Schreien, lautem Sprechen, heftigen motorischen Bewegungen, Schimpfen, Türenknallen. Er gilt als in höchstem Maße authentisch, da sich in ihm "Affekt" und Leidenschaft manifestieren - genau die Zutaten, die eine Emotion zu einer "echten" Emotion machen: heftig, irrational, impulsiv. Im Sinne von Averill (1980), der Emotionen als soziale Rollen begreift, wäre der Ausbruch die ideale Darstellung der Rolle, die "Ärger" heißt. Alle Variationen müssen sich stets an diesem Standard messen lassen. Ein anschauliches Beispiel für diese "Standardsetzung" beschreibt Tavris (1982). Sie schildert einen Südamerikaner, der den Ärger seiner nordamerikanischen Frau solange nicht ernst nahm, solange sie nicht zum dramatischen Ausbruch griff, nur um damit glaubhaft zu kommunizieren "ich ärgere mich". Die Stärken des Ärgerausbruchs liegen nicht nur in der Authentizität. Gut gestaltete Ärgerausbrüche wirken selbstpromotiv, sie demonstrieren Stärke, Entschlossenheit, Macht und Durchsetzungsfähigkeit. Felson (1978) und Novaco (1976) sehen darin eine der wesentlichen Funktionen des Ärgers.

Der Ärgerausbruch hat aber auch entschiedene Nachteile. Zum einen offenbart er Verletzbarkeit, denn nur diejenigen, die sich durch einen Angriff getroffen fühlen, so die mögliche Schlußfolgerung des Publikums, reagieren dermaßen heftig. Das ist genau die Überlegung, die ich bereits zu den "wunden Punkten" angestellt habe (siehe Abschnitt "Angriffsverstärker"). Eine Offenbarung von Ärger per Ärgerausbruch würde jedoch dann nicht gegen mich sprechen, wenn die Ausbrüche auf Provokationen begrenzt bleiben, die allgemeine Standards verletzen und die daher über mich selbst nichts aussagen. Nur eine dramatische Reaktion auf sehr spezifische, persönlich verwundende Angriffe würde meine Schwächen preisgeben.

Zum zweiten wirken Ärgerausbrüche dann unvorteilhaft, wenn das Publikum andere Standards hat (vgl. Felson, 1978). Nicht jedes Publikum huldigt der Durchsetzungsfähigkeit, und vor einem Publikum, das Harmonie oder Beherrschung honoriert, ginge ich angeschlagen vom Platze. Ein solcher Ansehensverlust trifft mich vermutlich auch, wenn der andere ein intim Vertrauter ist, den anzugreifen illoyal wäre. Hier zeigen sich auch die Grenzen des "Impression management" Ansatzes von Felson (1978). Felson geht nämlich implizit von einem Denkmodell aus, demzufolge sich der andere und ich als Kontrahenten etablieren dürfen, und die Frage heißen kann: entweder er oder ich. In vielen Situationen aber kann es mir nicht an einem Sieg über den anderen gelegen sein, da etwa ein Sieg über den eigenen Partner ein schlechtes Licht auf die Beziehung wirft. Ausbrüche gewinnen nur dort, wo sie gegen Fremde, Untergebene oder anonyme Funktionsträger gerichtet sind.

Ein dritter Nachteil des Reaktionsmodells "Ausbruch" kann darin liegen, daß ich die schmale Grenze zwischen Assertivität und Aggressivität überschreite und nicht länger als durchsetzungsfähig, sondern schlicht als aggressiv gelte. Ein solches Image ist aber nur in Gruppen von Vorteil, die Aggression positiv bewerten (vgl. Toch, 1969).

Bliebe ein letzter Aspekt, der dagegen sprechen könnte, daß der Ärgerausbruch eine gelungene Form der Selbstdarstellung ist: Ärger, so schon Seneca, macht häßlich: "... scheußlich anzusehen und schrecklich das Antlitz der sich selbst Entstellenden und Aufblähenden. Du wirst nicht wissen, ob es (gemeint ist Zorn, A.d.V.) eher ein verabscheuungswerter Charaktermangel ist oder ein häßlicher" ("De ira", zitiert nach Rosenbach, 1976, S. 99). Verzerrte Gesichtszüge, ein gerötetes Gesicht und Zornesfalten mögen andere abschrecken, attraktiv sind sie nicht. Hall (1899) erzählt von einer 19jährigen, die sich zufällig einmal mitten im Zornesausbruch im Spiegel sah - und für alle Zeiten auf Ausbrüche verzichtete.

Modell 2: Die Kontrolle von Ärger

Das direkte Gegenmodell zum Ausbruch ist die Kontrolle von Ärger - hier verstanden als das Nicht-nach-außen-dringen-lassen von Ärger, sei es durch Unterdrücken, Verbergen, Überspielen, kognitive Umdeutung. Im Mittelpunkt der nachfolgenden Überlegungen soll das bloße Erscheinungsbild nach außen stehen, daher bleiben die wichtigen psychologischen Unterschiede zwischen den einzelnen Reaktionen außer acht.

Die Vor- und Nachteile der Ärgerkontrolle sind das jeweilige Spiegelbild des Ausbruchs. Der sicherlich entscheidende Vorteil der Ärgerkontrolle liegt in dem Verbergen von Verletzbarkeit. Weder für den anderen noch für das Publikum wird ersichtlich, ob und wie sehr ich getroffen bin. Wie es aber schon beim Ausbruch der Fall war, hängt auch hier die Wirkung vom Inhalt der Provokation ab. Ist der Angriff offensichtlich selbstwertverletzend, so kann Kontrolle als das entlarvt werden, was es unter Umständen ist: das bloße Verbergen von Verletztsein. Im besten Falle, und abhängig von den Normen des Publikums, vermittelt Kontrolle Besonnenheit und Beherrschung, und wird entsprechend honoriert.

Der große Nachteil der Kontrolle, vor allem, wenn sie mit Untätigkeit verbunden ist, ist, daß ich als Schwächling dastehe, der sich nicht verteidigen kann oder will. Aristoteles (in Nikomachische Ethik) nannte es Zeichen eines "knechtischen Sinns", wenn man die eigene Ehre und die der Nahestehenden nicht verteidigt. Selbstverteidigung gilt - zumindest in manchen Gesellschaften - als unbedingt erwünscht. Von daher gehört zu den zentralen Prinzipien, nach denen die Sozialisation von Ärger erfolgt, daß man sich gegen Angriffe zur Wehr setzen soll (vgl. Miller & Sperry, 1987).

Die Überzeugung des Stoikers Seneca hingegen, Kontrolle sei in jedem Falle der Leidenschaft vorzuziehen, und sei der Angriff noch so existentiell, würde heute nur noch wenige Anhänger finden. Dazu würde sicherlich Carol Tavris zählen (siehe Tavris, 1982, 1984);

möglicherweise auch Albert Ellis, demzufolge bestimmte Emotionen, und hier auch der Ärger, Produkt unangemessener Überzeugungen sind, die aufzugeben seien (z.B. Ellis, 1977).

Modell 3: "Emotionsfreies" Problemhandeln

Eine wichtige Variante der bloßen Kontrolle ist das emotionsfreie Problemlösehandeln, das in mancherlei Hinsicht die gravierenden Nachteile der Kontrolle vermeidet.

Der große Vorteil rationalen Handelns ist, daß ich damit offensichtlich den Tatbestand als solchen wahrnehme und reagiere, aber eben mit einem sachbezogenen Handeln. Dies ist im Grunde das Ideal von Seneca, ein von Vernunft und nicht von Gefühlen geleitetes Vorgehen. Rationales Handeln stellt klar, daß ich nicht gewillt bin, eigene Positionen aufzugeben, sondern ihnen sachbezogen zur Durchsetzung verhilft. Der Vorwurf der Schwäche entfällt.

Das Leitbild rationalen Handelns gilt in der psychosomatischen Forschung als Kennzeichen des sogenannten "Typ C"-Verhaltens, das als möglicherweise krebsbegünstigend zur Diskussion steht (Temoshok, 1987; vgl. für eine kritische Diskussion Weber, 1993a). Das Typ C-Verhalten wird jedoch als Versuch interpretiert, soziale Streß-Situationen über Rationalisierung zu bewältigen, damit Harmonie gewahrt bleibt. Die Wahrung von Harmonie, die Schaffung möglichst konfliktfreier Beziehungen wird dem Typ C als übergeordnetes Bewältigungsziel zugeschrieben. Rationales Handeln gilt damit als Form der Abwehr sozialer Konflikte.

Doch rationales Handeln ist keinesfalls nur defensive Strategie - es kann ebenso als assertive Strategie dazu genutzt werden, das Bild einer vernunftorientierten, gefühlsbeherrschten Persönlichkeit aufzubauen, wie Seneca es noch als Idealtyp beschrieb.

Rationales Handeln ist nicht ohne Nachteile. Der vielleicht wichtigste ist, daß ich als gefühlskalt und nicht-authentisch gelte. In einer Zeit, in der in vielen Lebensbereichen Gefühle zeigen gefragt, oder sogar verlangt wird - und der stoische Mensch zunehmend aus der Mode kommt (vgl. Gerhards, 1988; Selg, 1992) - kann rationales Handeln eher zum Nachteil gereichen. Noch mehr als durch die bloße Kontrolle, die als solche durchschaubar wird, laufen die Rationalen Gefahr, als nicht-authentisch zu gelten, jeder Leidenschaft unfähig oder abhold: eines so schlimm wie das andere.

Modell 4: Emotionsoffenes, aber beherrschtes Problemhandeln

Ein von offener Gefühlswahrnehmung und angemessenem Problemhandeln geprägtes Reaktionsmodell scheint auf den ersten Blick
sämtliche Nachteile auszuräumen und nur noch Vorteile zu besitzen.
Dieses Modell entspricht der idealen Ärgerbewältigung, wie sie von
Verres und Sobez (1980; siehe auch schon Holt, 1970) konzipiert
wird: Wahrnehmung der eigenen Gefühle, deren Darstellung nach
außen, gefolgt von sachbetontem Problemhandeln, das den anderen in
offener Kommunikation einbindet. Leitbild ist der sozial kompetente
Umgang mit Provokationen und Frustrationen.

In diesem Falle zeige ich einerseits Gefühle, damit Authentizität,
und glaubwürdige Verletzbarkeit - beides aktuelle Ideale. Zugleich
aber bleibe ich nicht bei den Gefühlen stehen, sondern demonstriere,
daß ich weiß, wie damit fertigzuwerden ist, auf nicht-aggressive, kon-
struktiv-kompetente Art und Weise. Das gehorcht dann anderen Idealen.

Es fällt schwer, für das emotionsoffene, aber beherrschte Problemhandeln ernsthaft Nachteile zu finden, sieht man von der Reaktanz ab,
die es, wie alle Ideale, erzeugt. Ideales Verhalten wirkt auf das Publikum schnell langweilig, es hat keinerlei Unterhaltungswert. Es
fehlen diesem Reaktionsmuster die Ecken, es ist zu glatt, und daher
erleidet es einen ähnlichen Authentizitätsverlust wie Kontrolle (der es
ja durchaus verwandt ist). Immer das "richtige" Gefühl zu zeigen,
wirkt möglicherweise allzu überlegt, daher künstlich, unecht.

Modell 5: Humorvolles Umgestalten der Situation

Bliebe zum Schluß ein Reaktionsmodell, das sich empirischen Ergebnissen zufolge als besonders hilfreich im Dienste der Ärgerbewältigung erweist (Weber, 1993a, b; vgl. auch Scheff, 1983). Ihm stimmen
auch alle theoretischen Grundpositionen ausnahmslos zu: dem Humor,
und zwar genau diesem, nicht Sarkasmus, nicht Ironie, nicht Zynis-
mus.

Humor ist ein unbestrittenes Ideal. Es gibt wohl keinen Ansatz,
der ernsthaft etwas gegen Humor einwenden könnte (sieht man von
dem mordenden Mönch in Umberto Ecos Roman "Der Name der
Rose" ab). Humor zeigt, daß ich sehr wohl die Provokation wahrnehme, zumindest für einen kurzen Augenblick, dann aber sofort die
Situation umgestalte. Humor löst damit die Gegensätze zwischen

Konfrontation und Vermeidung in sich auf. Humor schadet nicht, verletzt nicht, verhindert nicht das aktive Eintreten für die eigene Sache. Als Humorvolle stehe ich nie als Schwächling da, da ich den anderen in gewisser Weise souverän in die Pflicht nehme. Immer vorausgesetzt, es ist kein gequältes Amüsiertsein und "so tun als ob", sondern "echter" Humor, hat ich mit absoluter Sicherheit die Gunst des Publikums auf meiner Seite (mit Ausnahme derer, die sich um das Vergnügen an einer dramatische Szene gebracht sehen). Humor ist die ideale Selbstdarstellung bei Ärger.

Humor hat nur einen ganz entscheidenden Nachteil, wie alle empirischen Erfahrungen zeigen (Weber, 1991, 1993a): kaum jemand schafft es, auf einen Angriff humorvoll zu reagieren.

Literatur

Adler, A. (1984). *Menschenkenntnis*. Frankfurt a. M.: Fischer. (Original erschienen 1927).

Alexander, F. (1939). Emotional Factors in Essential Hypertension. *Psychosomatic Medicine, 1,* 173-179.

Aristoteles. *Nikomachische Ethik* (übersetzt und Nachwort von F. Dirlmeier, 1983). Stuttgart: Reclam.

Averill, J.R. (1980). A constructivist view of emotion. In R. Plutchik & H. Kellerman (Eds.), *Emotion. Theory, research, and experience* (pp. 305-339). New York: Academic Press.

Averill, J.R. (1982). *Anger and aggression. An essay on emotion.* New York: Springer.

Buss, A.H. (1961). *The psychology of aggression.* New York: Wiley.

Deusinger, I.M. (1986). *Die Frankfurter Selbstkonzeptskalen (FSKN).* Göttingen: Hogrefe.

Dollard, J., Doob, L.W., Miller, N.E., Mowrer, O.H. & Sears, R.S. (1939). *Frustration and aggression.* New Haven, Conn.: Yale University Press (deutsche Bearbeitung: Frustration und Aggression, 1971 (3. Aufl.), Weinheim: Beltz).

Ellis, A. (1977). *How to live with and without anger.* New York: Reader's Digest Press (deutsche Übersetzung: Wut. Die Kunst, sich richtig zu ärgern. Berlin: Goldmann)

Felson, R. (1978). Aggression as impression management. *Social Psychology, 41,* 205-213.

Felson, R. (1984). Patterns of aggressive social interaction. In A. Mummendey (Ed.), *Social psychology of aggression* (pp. 107-126). Berlin: Springer.

Frijda, N. (1986). *The emotions.* Cambridge: Cambridge University Press.

Fritsch, T. & Weber, H. (1991). Ärgerbewältigung bei Reservespielern in der Fußball-Bundesliga. *Sportwissenschaft, 21,* 170-181.

Gates, G.S. (1926). An observational study of anger. *Journal of Experimental Psychology, 9,* 325-336.

Gerhards, J. (1988). *Soziologie der Emotionen.* Weinheim: Juventa.

Green, R.A. & Murray, E.J. (1973). Instigation to aggression as a function of self-disclosure and threat to self-esteem. *Journal of Consulting and Clinical Psychology, 40,* 440-443.

Hall, G.S. (1899). A study of anger. *American Journal of Psychology, 10,* 516-591.

Hodapp, V. & Schwenkmezger, P. (Hrsg.). (1993). *Ärger und Ärgerausdruck.* Bern: Huber.

Holt, R.R. (1970). On the interpersonal and intrapersonal consequences of expressing or not expressing anger. *Journal of Consulting and Clinical Psychology, 35,* 8-12.

Jourard, S.M. (1968). Healthy personality and self-disclosure. In C. Gordon & J. Gergen (Eds.), *The self in social interaction* (pp. 423-434). New York: Wiley.

Kernis, M.H., Grannemann, B.D. & Barclay, L.C. (1989). Stability and level of self-esteem as predictors of anger arousal and hostility. *Journal of Personality and Social Psychology, 56,* 1013-1022.

Kuckuck, H. & Polivka, A. (1990). *Mensch ärgert sich.* Unveröffentlichte Diplomarbeit. Lehrstuhl Psychologie IV, Universität Bamberg.

Lazarus, R.S. (1991). *Emotion and adaptation*. New York: Oxford University Press.

McKellar, P. (1950). Provocation to anger and the development of attitudes of hostility. *British Journal of Psychology, 40,* 104-114.

Meltzer, H. (1933). Students' adjustments in anger. *Journal of Social Psychology, 4,* 285-309.

Miller, P. & Sperry, L.L. (1987). The socialization of anger and aggression. *Merrill-Palmer Quarterly, 33,* 1-31.

Murray, E.J. (1985). Coping and anger. In T.M. Field, P.M. McCabe & N. Schneiderman (Eds.), *Stress and coping* (pp. 243-262). Hillsdale, N.J.: Lawrence Erlbaum Associates.

Novaco, R.W. (1975). *Anger control: The developement and evaluation of an experimental treatment.* Lexington, MA: Lexington Books/D.C. Heath.

Novaco, R.W. (1976). The functions and regulation of the arousal of anger. *American Journal of Psychiatry, 133,* 1124-1128.

Novaco, R.W. (1979). The cognitive regulation of anger and stress. In P.C. Kendall & S.P. Hollon (Eds.), *Cognitive-behavioral interventions* (pp. 241-285). New York: Academic Press.

Novaco, R.W. (1986). Anger as a clinical and social problem. In R.J. Blanchard & D.C. Blanchard (Eds.), *Advances in the study of aggression. Vol. 2* (pp. 1-67). Orlando: Academic Press.

Ortony, A., Clore, G.L. & Collins, A. (1988). *The cognitive structure of emotions.* Cambridge: Cambridge University Press.

Piontek, R. (1991). *Ärger, eine unweibliche Emotion? Eine videogestützte Untersuchung zu geschlechtsspezifischen Unterschieden in der Ärgerbewältigung.* Unveröffentlichte Diplomarbeit. Lehrstuhl Psychologie IV, Universität Bamberg.

Roseman, I.J. (1984). Cognitive determinants of emotion. A structural theory. *Review of Personality and Social Psychology, 5,* 11-36.

Scheele, B. (1990). *Emotionen als bedürfnisrelevante Bewertungszustände.* Tübingen: Francke.

Scheff, T.J. (1983). *Explosion der Gefühle.* Weinheim/Basel: Beltz.

Scherer, K.R. (1986). Vocal affect expression: A review and a model for future research. *Psychological Bulletin, 99,* 143-165.

Schwenkmezger, P. (1990). Ärger, Ärgerausdruck und Gesundheit. In R. Schwarzer (Hrsg.), *Gesundheitspsychologie* (S. 295-310). Göttingen: Hogrefe.

Selg, H. (1992). Ärger und Aggression. In U. Mees (Hrsg.), *Psychologie des Ärgers* (S. 190-205). Göttingen: Hogrefe.

Seneca. De ira (übersetzt, eingeleitet und mit Anmerkungen versehen von Manfred Rosenbach 1976). Darmstadt: Wissenschaftliche Buchgesellschaft.

Tavris, C. (1982). *Anger: The misunderstood emotion.* New York: Simon & Schuster.

Tavris, C. (1984). On the wisdom of counting to ten. Personal and social dangers of anger expression. *Review of Personality and Social Psychology, 5,* 170-191.

Temoshok, L. (1987). Personality, coping style, emotion and cancer: towards an integrative model. *Cancer Surveys, 6,* 545-567.

Toch, H. (1969). *Violent Men. An inquiry into the psychology of violence.* Chicago: Aldine.

Törestad, B. (1989). What is anger-provoking? I. A psychophysical study of antecedents of anger. *Reports from the Department of Psychology, No. 690.* Stockholm: The University of Stockholm.

Verres, R. & Sobez, I. (1980). *Ärger, Aggression und soziale Kompetenz.* Stuttgart: Klett-Cotta.

Wallbott, H.G. (1993). Soziale Bedingungen von Ärger und Ärgerausdruck. In V. Hodapp & P. Schwenkmezger (Hrsg.), *Ärger und Ärgerausdruck* (S. 113-142). Bern: Huber.

Weber, H. (1991). *Über den Ärger.* Unveröffentlichte Habilitationsschrift. Universität Bamberg.

Weber, H. (1992). *Women, men, and anger.* Vortrag bei der 6th European Health Psychology Society Conference, Leipzig.

Weber, H. (1993a). *Ärger. Psychologie einer alltäglichen Emotion.* Weinheim/München: Juventa

Weber, H. (1993b). Ärgerausdruck, Ärgerbewältigung und subjektives Wohlbefinden. In V. Hodapp & P. Schwenkmezger (Hrsg.), *Ärger und Ärgerausdruck* (S. 253-275). Bern: Huber.

Weber, H. & Laux, L. (1993). Presentation of emotion. In G.L. van
Heck, P. Bonaiuto, I. Deary & W. Nowack (Eds.), *Personality Psychology
in Europe. Vol. 4*. Amsterdam: Swets & Zeitlinger.

Weber, H., Laux, L. & Burda-Viering, M. (1991). Bewältigung von Angst und
Ärger in der Partnerschaft. *Forschungsform, Heft 3* (Schriftenreihe der
Universität Bamberg), 105-113.

5. ANGST, SELBSTWERT UND SELBSTDARSTELLUNG[1]

Lothar Laux

Kann Angst irgendetwas mit Selbstdarstellung zu tun haben? Stellt nicht gerade das "spannungsreiche, beklemmende, unangenehme, bedrückende oder quälende Gefühl der Betroffenheit und Beengtheit" (Fröhlich, 1983) eine Gewähr für Unmittelbarkeit und Authentizität dar, die keinen Spielraum für Eindruckssteuerung lassen? Hat nicht derjenige, der Angst empfindet, andere Sorgen, als sich einem Publikum gegenüber darzustellen? Wird hier also nicht - wie so oft in der Psychologie - eine Theorie, die Faszination ausübt, überdehnt und dabei auf Phänomene weit außerhalb ihres tatsächlichen Geltungsbereichs angewandt?

Im Widerspruch zu solchen skeptischen Voreinstellungen stehen die Ansätze, die in diesem Kapitel erörtert werden. Ihnen liegt die Prämisse zugrunde, daß bei der Bewältigung von Angst Selbstdarstellung eine vorrangige Rolle spielt. Die beiden amerikanischen Selbstdarstellungsforscher Schlenker und Leary (vgl. Leary, 1983; Schlenker & Leary, 1982) haben als erste eine Selbstdarstellungstheorie der Angst formuliert. Sie schränken ihren Ansatz von vornherein auf *soziale Angst* ein. Sie wird definiert als Angst vor der erwarteten oder tatsächlichen Bewertung durch andere. Mit "sozial" sind vorgestellte oder reale Situationen gemeint, in denen man zum Fokus der Aufmerksamkeit anderer wird. Soziale Angst und Leistungsangst sind meist miteinander verknüpft, da Leistung häufig in sozialen Situationen erbracht wird oder zumindest Gegenstand einer öffentlichen Bewertung ist (Schwarzer, 1987).

In der Theorie von Schlenker und Leary wird das Hervorrufen der Angst als Folge von Selbstdarstellungsproblemen begriffen. Sie konzentrieren sich damit auf diejenigen Bedingungen, die Angst beim Umgang mit identitätsbedrohenden Situationen auslösen (Abschnitt 5.1). Meine eigenen Überlegungen gehen dagegen von der Frage aus, ob Selbstdarstellung das Bewältigen der bereits ausgelösten Angst beeinflußt. Es geht demnach um Selbstdarstellungsprobleme als Folge der Angst (Abschnitt 5.2).

[1] Für die wertvollen Anregungen bedanke ich mich bei Gesine Hofinger.

5.1 Angst als Folge von Selbstdarstellungsproblemen

5.1.1 Das Basispostulat

Unter *Selbstdarstellung* verstehen Schlenker und Leary den Versuch, bestimmte Selbstbilder zu vermitteln. Die dadurch hervorgerufenen Eindrücke bestimmen, wie andere uns beurteilen und behandeln - und darüber hinaus, wie wir uns selbst sehen. Es muß sich nicht, wie die alltagssprachliche Verwendung des Begriffs nahelegt, um Verstellungen oder Täuschungen handeln: Selbstdarstellung zielt häufig darauf ab, den Interaktionspartnern ein treffendes Bild der eigenen Befindlichkeit und der Merkmale des Selbst zu vermitteln. Die Projektion von Selbstbildern kann gegenüber real vorhandenen oder bloß vorgestellten Interaktionspartnern stattfinden. Sogar das eigene Selbst wird als "Publikum", als interner Adressat nicht ausgenommen (vgl. Kap. 2).

Selbstdarstellungen dienen vor allem der Konstruktion und dem Beibehalten der erwünschten Identität. *Identität* wird definiert als eine Theorie des Individuums, die seine bedeutsamen Merkmale und Erfahrungen beschreibt, aufeinander bezieht und erklärt (Schlenker, 1987). Im Gegensatz zum verwandten Begriff des Selbstkonzepts bezieht sich Identität nach Schlenker stärker auf den situativen Kontext, auf die Beziehung zu anderen Personen (situative Identitäten).

In Abhängigkeit von der Aufgabe und dem Publikum zweifeln wir in vielen Situationen daran, ob es uns gelingen wird, den gewünschten Eindruck zu erzeugen: Wir möchten als kompetent angesehen werden, sind aber unsicher, ob das Publikum uns als kompetent einschätzen wird. Schlenker und Leary (1982) haben diesen Zweifel zum inhaltlichen Kern ihres *Basispostulats* gemacht:

> Angst entsteht in realen oder vorgestellten sozialen Situationen, wenn Personen motiviert sind, bestimmte Eindrücke auf andere zu machen, aber daran zweifeln, ob ihnen dies gelingen wird ... (S. 645).

Nach diesem Ansatz ist die Motivation, einen bestimmten Eindruck auf andere zu machen, eine notwendige, aber nicht ausreichende Bedingung für soziale Angst. Hinzu kommen muß der Zweifel, ob die gewünschten Eindrücke hervorgerufen werden können. Zentrale Identitätsdimensionen bzw. der Selbstwert sind in Gefahr, wenn ein solcher Zweifel besteht.

5.1.2 Situative und dispositionelle Einflüsse

Mit ihrem Basispostulat geben Schlenker und Leary einen theoretischen Rahmen vor, in den sie eine Reihe von situativen und dispositionellen Faktoren als Antezedentien der Angst einordnen.

Die allgemeine Motivation, erwünschte Eindrücke hervorzurufen, kann durch besondere *Charakteristika anderer Personen* noch erhöht werden. Mächtige, einflußreiche, kompetente oder attraktive Personen kommen als Quellen für Belohnungen und Bestrafungen in Frage. Ihre Anwesenheit beeinflußt außerdem die Einschätzung der eigenen Fähigkeit zur Selbstdarstellung: Dem Darsteller erscheinen sie oft als "Juroren", die er schwer zufriedenstellen kann. Wenn er sich mit ihnen vergleicht, resultieren meist Gefühle der Unzulänglichkeit.

Für viele Menschen stellt das andere Geschlecht eine besondere Angstquelle dar. "Angst vor dem anderen Geschlecht" gehört zu den gut untersuchten Bereichen der Angstforschung (vgl. Leary, 1983). Unter dem Gesichtspunkt der Selbstdarstellung ist leicht zu verstehen, warum das andere Geschlecht die Motivation zur Selbstdarstellung anregt: Ruft man den geeigneten Eindruck beim anderen Geschlecht hervor, erhält man - ich beschränke mich auf den Idealfall - ein positives Feedback über die eigene soziale und/oder sexuelle Attraktivität. Neben diesen reinen Selbstbestätigungen locken zusätzlich die Freuden der Liebesbeziehung.

Für die Wirkung auf das Publikum ist der *erste Eindruck* besonders wichtig, da er einen andauernden Effekt auf die späteren Beurteilungen des Darstellers haben kann. Dementsprechend forciert das erste Zusammentreffen, die erste Verabredung, die erste Vorstellung den Wunsch, einen besonders guten Eindruck zu machen. Hat die Freundin des Sohnes bei den zukünftigen Schwiegereltern den Eindruck hervorgerufen, daß sie nett und witzig ist, werden ihre späteren sarkastischen Bemerkungen als harmlose Neckereien interpretiert. Hat sie sich jedoch als kalt und zynisch eingeführt, werden dieselben sarkastischen Bemerkungen als grausame Scherze auf Kosten anderer gedeutet.

Die Motivation, das Publikum zu beeindrucken, nimmt auch mit der *Größe des Publikums* und der *Öffentlichkeit* der Darbietung zu. Weniger Bewertung implizierend und damit motivationssenkend wirkt sich dagegen die *Zahl der Mitwirkenden* aus, da der Akteur die Verantwortung für den möglichen Mißerfolg des gemeinsamen Auftritts mit den "Mitspielern" teilen kann.

Besondere Bedeutung messen Schlenker und Leary der *öffentlichen Selbstaufmerksamkeit* bei. Sich selbst als soziales Objekt zu sehen, gilt als Voraussetzung, die allen Formen sozialer Angst gemeinsam ist (Buss, 1980). Die bloße Tatsache, daß man im Mittelpunkt der Aufmerksamkeit anderer Personen steht, reicht gewöhnlich aus, um öffentliche Selbstaufmerksamkeit hervorzurufen: Wie sehe ich aus? Was denken die anderen von mir? Die Tatsache, daß man sich bewußt ist, von anderen beobachtet und bewertet zu werden, aktiviert den Wunsch, bestimmte Eindrücke zu vermitteln. Bei Personen mit einem hohen Grad an *dispositionaler öffentlicher Selbstaufmerksamkeit* ist die Selbstdarstellungsmotivation daher entsprechend ausgeprägt.

Alle anderen *Persönlichkeitsmerkmale*, die die Motivation zur Selbstdarstellung erhöhen, können sich potentiell angstfördernd auswirken. Dazu gehören z. B. das Bedürfnis nach sozialer Anerkennung, die Orientierung an anderen und die Furcht vor negativer Beurteilung (siehe Schlenker & Leary, 1982).

5.1.3 Widerstandsformen

Mit der Einschätzung einer Situation als bedrohlich, mit der Feststellung, daß zentrale Selbstbilder auf dem Spiel stehen, beginnt ein Prozeß, bei dem der Schutz des Selbstwertes immer stärker zur Hauptaufgabe wird. Nächster Schritt ist die konzentrierte Erfassung aller relevanten Aspekte des Selbst, der Situation und des Publikums, den Schlenker (1987) auch als Phase der Informationsprüfung bezeichnet. Informationsprüfung, Erklärungen und strategische Aktivitäten sind Formen des Widerstandes, die sich gegen Hindernisse bei der Konstruktion und Beibehaltung erwünschter Identitätsbilder richten.

5.1.3.1 Informationsprüfung und emotionale Reaktion

Wenn hoch bewertete Selbstbilder in Frage gestellt werden, setzt nach Schlenker und Leary (1982) eine Informationssuche ein, mit dem Ziel, Informationen zu beschaffen, die die bisherigen Selbstbilder validieren. Da Selbstbilder äußerst ungern aufgegeben werden, setzt man alles daran, sie zu verteidigen. Frey (1981) z.B. hat gezeigt, daß

Personen, die in Intelligenztests schlecht abgeschnitten hatten, gezielt nach Informationen suchen, um die Validität von Intelligenztests anzuzweifeln.

Generell gilt, daß selbstbezogene Informationen gründlicher und besser erinnert werden als selbstirrelevante. Diese durchgängige "egozentrische Sensitivität" wird in selbstwertbedrohlichen Situationen noch erhöht. Dadurch wird der Zugriff auf relevante Identitätsbilder erleichtert, so daß sie für nachfolgende Beurteilungen und Aktionen bereitstehen (zusammenfassend Schlenker, 1987).

Die intensivierte Suche nach selbstbezogenen Informationen und deren "egozentrische" Überprüfung kann sogar zu einer Stärkung der bevorzugten Selbstbilder führen: Aus dem aktualisierten Vorrat selbstbezogener Informationen, die sonst gar nicht bereit stehen, können solche ausgewählt werden, die die bevorzugten Selbstbilder konsolidieren. Außerdem können Freunde und Familienmitglieder in identitätsbedrohenden Situationen häufig unterstützende Informationen anbieten ("Weißt Du noch, wie Du es damals geschafft hast?").

Als Folge der initialen Bedrohlichkeitseinschätzung kann für kurze Zeit Angst hervorgerufen werden. Führt die anschließende Prüfung selbstbezogener Informationen jedoch zur Erwartung, sich wirkungsvoll darstellen zu können, resultieren *positive Emotionen*. Die Erwartung, sich wirkungsvoll darstellen zu können, läßt sich als Spezialfall der *Selbstwirksamkeits-Erwartung* von Bandura (1977) auffassen (vgl. Mummendey, 1990; Maddux, Norton & Leary, 1988). In dieser Phase hoher Selbstaufmerksamkeit sollen sich selbst Hochängstliche wohl fühlen, mit Zuversicht an die Lösung von Aufgaben herangehen und ihre Leistungen verbessern. Die nachgewiesene Leistungserhöhung Hochängstlicher bei positiver Selbstwirksamkeitserwartung wird mit der stärkeren Konzentration auf aufgabenrelevante Informationen und Leistungsanforderungen erklärt (vgl. Schlenker, 1987). Diese empirisch bestätigte Annahme widerspricht solchen theroretischen Ansätzen der Leistungsangstforschung, die betonen, daß Selbstaufmerksamkeit bei Hochängstlichen immer zu erhöhter Besorgtheit und damit zu Leistungsbeeinträchtigung führt (vgl. Wine, 1982).

Schließt die Überprüfung selbstbezogener Informationen jedoch mit niedrigen Selbstwirksamkeitserwartungen ab, sind die ursprünglichen Zweifel also bestätigt worden, dann resultiert *Angst*. Besonders Personen mit geringem Selbstwertgefühl und hoher Ängstlichkeit neigen zu einer Informationsprüfung, bei der sie schlecht abschneiden.

Angst ruft die Intention hervor, die Situation zu vermeiden. Ist kein Rückzug aus der Situation möglich, so verharrt die Person in der

Erfassungsphase und überprüft andauernd und exzessiv Selbst- und Situationsinformationen. Diese Annahme greift die obsessiven Selbstbewertungen und Selbstzentrierungen auf, die im Zentrum kognitiver Angsttheorien stehen (vgl. Sarason, 1975; Wine, 1982).

5.1.3.2 Erklärungen

Mit Erklärungen versucht man nach Schlenker (1987) das identitätsbedrohende Ereignis zu interpretieren. Dies ist immer dann erforderlich, wenn das Ereignis vom Publikum falsch, also nicht im Sinne der erwünschten Identitätsbilder gedeutet werden könnte. Erklärungen stellen Bewältigungsformen dar, mit denen sich erwünschte Identitätsbilder validieren und unerwünschte zurückweisen lassen. In dem Ausmaß, in dem solche Erklärungen erfolgreich sind, wird die Bedrohung reduziert. Dementsprechend werden die affektiven Auswirkungen weniger negativ oder sogar positiv sein.

Um zentrale Selbstbilder zu schützen, bietet sich ein reichhaltiges Repertoire von selbstwertdienlichen Erklärungen an: Wenn jemand z.B. befürchtet, in einem Vorstellungsgespräch schlecht abzuschneiden, kann er Gründe aufführen, die mit der Situation zusammenhängen (z.B. "Es wird sicherlich eine kalte unfreundliche Gesprächsatmosphäre sein") oder mit dem persönlichen Zustand (z.B. "Ich habe in der letzten Nacht zu wenig geschlafen"). Damit soll den Interaktionspartnern verdeutlicht werden, daß die schlechte Leistung nicht repräsentativ ist für die wahre Leistungsfähigkeit des Betreffenden. Gelingt es, diesen Eindruck nach "außen" und nach "innen" zu vermitteln, werden seine öffentliche Einschätzung und sein Selbstwert nicht beeinträchtigt.

Eine theoretisch sehr attraktive Form von Erklärung beruht auf dem strategischen Mitteilen der Angst, um von einem Kompetenzdefizit abzulenken. Die erwartete schlechte Leistung wird durch übergroße Angst erklärt ("Eigentlich könnte ich es ja - wenn ich nur nicht so aufgeregt wäre"). Diese Form der Erklärung wird ausführlicher in Abschnitt 5.2.2 beschrieben.

Erklärungen werden in der Literatur fast ausschließlich im *selbstprotektiven* Sinne gebraucht ("Warum der Verlust des Arbeitsplatzes nicht meine Schuld war"). Schlenker (1987) weist auf die Möglichkeit hin, daß Erklärungen in bedrohlichen Situationen auch im *selbst-*

assertiven Sinne, also zum Aufbau und zur Stärkung von Identitätsbildern verwendet werden können ("Warum die Beförderung im Gegensatz zur Meinung meiner Arbeitskollegen verdient war").

5.1.3.3 Strategische Aktivitäten

Das Bewältigen bedrohlicher Ereignisse fordert häufig direktere Vorgehensweisen als Informationsprüfung oder Erklärungen. Folgende strategische Aktivitäten werden von Schlenker (1987) unterschieden:

(a) *Gegenmaßnahmen*: Potentiell gefährliche Umweltbedingungen lassen sich in der Vorstellung oder tatsächlich verändern. Wir können z.B. versuchen, die Meinung anderer Personen über uns direkt zu beeinflussen. Eine andere Möglichkeit wäre, uns von einem Partner zu trennen, der ständig unseren Selbstwert bedroht. Im beruflichen Bereich lassen sich Selbstwertbedrohungen abbauen, indem man nur Aufgaben übernimmt, die die eigenen Ressourcen nicht überfordern.

(b) *Stärkung der Identität*: Dazu zählt Schlenker (1987) alle strategischen Aktivitäten, mit denen man im Sinne der Adlerschen Individualpsychologie Minderwertigkeitsgefühle kompensiert und Überlegenheit anstrebt. Eine Kompensationsthese liegt auch dem Ansatz der *symbolischen Selbstergänzung* von Gollwitzer und Wicklund (1985) zugrunde. Personen, die sich ein bestimmtes Ziel gesetzt haben (z.B. ein Wissenschaftler, ein Sportler, ein Musiker zu sein) streben danach, ihre Selbstdefinition zu vervollständigen. Sie häufen z.B. Diplome und Trophäen an, die als symbolischer Nachweis solcher Vollständigkeit interpretiert werden könnnen. Erleben sie Rückschläge auf dem Weg zur Selbstdefinition, verstärken sie ihre Selbstergänzungsmaßnahmen.

(c) *Soziale Unterstützung*: Erfolgreiches Bewältigen von Identitätsbedrohungen wird durch Personen erleichtert, die identitätsvalidierende und -unterstützende Informationen vermitteln.

Alle drei "Widerstandsformen" sind aufeinander bezogen und werden vorwiegend parallel, nicht sequentiell eingesetzt. Grundsätzlich gestatten sie sowohl die Einschätzung als auch die Bewältigung des Problems: Selbst das Überprüfen von selbstbezogenen Informationen im Rahmen des Einschätzungsprozesses kann bereits dazu dienen, die problematische Situation zu bewältigen. Jemand, der in einem Test versagt hat, könnte sich an Erfolge in vergleichbaren Situationen erinnern und so die erwünschten Identitätsbilder validieren. Der Glanz früherer Erfolge überstrahlt das Versagen und erleichtert die Erklärung, der Test habe kein zutreffendes Ergebnis geliefert.

5.1.4 Diskussion

(1) Schlenker und Leary haben ihre Selbstdarstellungstheorie der Angst zunächst unabhängig von Ansätzen der Angst- und Streßforschung entwickelt. Ihre Theorie kann jedoch ohne weiteres in die derzeit einflußreiche kognitive Streß- und Bewältigungstheorie von Lazarus integriert werden (vgl. Laux, 1986), worauf inzwischen auch Schlenker (1987) hinweist. So läßt sich das Basispostulat von Schlenker und Leary als Konkretisierung des von Lazarus vorgeschlagenen primären Bewertungsprozesses auffassen, der in einer Bedrohungsbewertung resultieren kann. Notwendige Voraussetzung für die Bedrohungsbewertung ist die erwartete Vereitelung eines zentralen Motivs: Zentrale Identitätsdimensionen bzw. der Selbstwert sind in Gefahr, wenn man daran zweifelt, ob man die erwünschten Eindrücke vermitteln kann. Dabei handelt es sich um eine Relationsaussage: Es wird ein Ungleichgewicht zwischen Anforderungen (Vermitteln von Selbstbildern) und Bewältigungskapazitäten (Fähigkeit zum Vermitteln der Selbstbilder) angenommen. Man schätzt demnach seine Bewältigungsmöglichkeiten in Hinblick auf die Absicht ein, ein ganz bestimmtes Selbstbild zu vermitteln (Laux, 1986).

Für die Phase der Informationsüberprüfung läßt sich ebenfalls ein Gegenstück in der kognitiven Streß- und Bewältigungstheorie ausmachen: Sie ist dem sekundären Bewertungsprozeß vergleichbar, der eine Abklärung grundlegender "Bewältigungsoptionen" beinhaltet (Lazarus, 1991). Der sekundäre Einschätzungsprozeß wird dann initiiert, wenn die primäre Einschätzung mit der Identifizierung einer der streßbezogenen Transaktionen Bedrohung, Herausforderung oder Schaden-Verlust abschließt. Der Übergang zu den Bewältigungsformen der Neubewertung von Information oder der Suche nach Informationen ist dabei fließend.

(2) Die klassische Selbstdarstellungsforschung, sei sie nun soziologisch oder psychologisch orientiert, hat weder der Angst noch anderen Emotionen besondere Beachtung geschenkt. Schlenker und Leary

kommt das Verdienst zu, als erste eine Selbstdarstellungstheorie der Angst formuliert zu haben. Diese Theorie zielt zudem von Anfang an auf Integration ab: Unterschiedliche Ansätze der Angstforschung, der klinischen und der Persönlichkeitspsychologie werden miteinander in Beziehung gesetzt und in ein übergreifendes Bezugssystem eingeordnet.

Merkwürdig ist, daß in diesem integrativen Selbstdarstellungsansatz ein naheliegendes Thema unbeachtet bleibt: die Auseinandersetzung mit der erlebten Angst. Die kognitiven Voraussetzungen für die Auslösung von Angst werden von den Autoren detailliert erörtert, das mögliche Resultat der kognitiven Prozesse, die Angst als körperlich spürbares Gefühl, übersehen sie jedoch als einflußnehmende Größe. Es erscheint mir aber besonders verlockend, gerade die *Bewältigung der Angst als Selbstdarstellungsproblem* aufzufassen. Das Problem ergibt sich immer dann, wenn Personen - nachdem sie das "Pflichtprogramm" der kognitiven Bewertungsprozesse durchlaufen haben - nun tatsächlich Angst empfinden und beim Versuch, erwünschte Selbstbilder zu vermitteln, zusätzlich noch die Angst bewältigen müssen (siehe Abschnitt 5.2).

Eine ähnliche Auffassung erläutert Asendorpf (1984) am Beispiel der Verlegenheit als einer Unterform von sozialer Angst: Die Wahrnehmung der eigenen Verlegenheit verbunden mit dem Wunsch, eben diese Verlegenheit nicht sichtbar werden zu lassen, führt zu einer Verstärkung der Verlegenheitsreaktion.

5.2 Selbstwert und Selbstdarstellung bei der Bewältigung der Angst

Ich gehe davon aus, daß dem Individuum, das sich schon mit der bedrohlichen Situation - z.B. dem Einstellungsinterview oder der mündlichen Prüfung - auseinandersetzen muß, die Angst eine weitere Bewältigungsaufgabe aufbürdet: das Umgehen mit einer neuen zusätzlichen Quelle der Selbstwertbedrohung. Worin genau besteht dieser Bedrohlichkeitsgehalt der Angst?

(a) Validierung der Selbstwertbedrohung: Faßt man das Selbst als subjektive Theorie auf, das wie eine wissenschaftliche Theorie bewertet wird (vgl. Epstein, 1979), läßt sich vermuten, daß die ausgelöste

Angst die Selbstwertbedrohung "validiert": Das, was bisher nur auf
der Ebene bedrohlicher Gedanken stattfand, hat sich zu einem
körperlich wahrnehmbaren Affekt entwickelt.

(b) Angst vor dem Sichtbarwerden der Angst: Die ausgelöste Angst
vergrößert die Befürchtung, den angestrebten Eindruck nicht vermitteln zu können. Wenn nämlich Anzeichen der Angst für das Publikum sichtbar sind, bedeutet dies - zumindest in der Vorstellung des
betroffenen Individuums -, daß die interne Unsicherheit als eine Art
"Objektivierung" nun auch für andere erkennbar wird.

Die Sorge der Hochängstlichen, andere könnten ihnen die hohe
Erregung von Gesicht und Körper "ablesen", läßt sich empirisch nicht
stützen: In einer Untersuchung von McEwan und Devins (1983)
schätzte u.a. eine Gruppe Hochängstlicher, die nach eigenen Angaben
starke somatische Symptome aufwiesen, das Ausmaß ihrer öffentlich
sichtbaren Angst ein. Es zeigte sich, daß das Ausmaß der von den
Interaktionspartnern registrierten Angst erheblich geringer war.

5.2.1 Verbergen von Angst

Welche Darstellungsabsichten und welche Bewältigungsformen
werden nun auf den Plan gerufen? Wenn das Sichtbarwerden der
Angst gleichgesetzt wird mit dem Nichterreichen des gewünschten
Eindrucks, ergibt sich daraus die Intention, die *Angst zu verbergen*. In
unserer Untersuchung mit vorgestellten Situationen, in der Bewältigungsabsichten und -reaktionen erhoben wurden (vgl. Kap. 3), stellten
wir in der Tat fest, daß soziale Angst im Vergleich zu Ärger viel
stärker durch das *Nichtzeigen des Gefühls* (Verbergen und Unterdrücken) bewältigt wird. Bei der Angst geht es im Unterschied zum
Ärger vor allem darum, Aufsehen zu vermeiden, sich an die Situation
reibungslos und unauffällig anzupassen und vor den anderen möglichst gut dazustehen.

5.2.2 Strategisches Mitteilen von Angst

Das Verbergen von Angst im Verein mit kognitiven Formen der
Angstverringerung stellt eine naheliegende Reaktion dar. Unter be-
stimmten Voraussetzungen zeigen Personen aber ein gegenteiliges
Bewältigungsmuster, in dessen Mittelpunkt das strategische *Mitteilen*

der Angst steht (vgl. Laux, 1986). Anhaltspunkte für strategisches Angstmitteilen lassen sich dem Literaturüberblick von Laux und Glanzmann (1986) entnehmen.

Glanzmann (1985) überprüfte die zentrale Hypothese des Trait-State-Angstmodells, nach dem Hochängstliche nur in selbstwertrelevanten Situationen mit einem höheren Angstanstieg reagieren als Niedrigängstliche. Er konnte aufzeigen, daß sich das Trait-State-Angstmodell nur dann bewährt, wenn die Angstreaktion unmittelbar *nach* dem bedrohlichen Ereignis retrospektiv erfaßt wird. *In* selbstwertbedrohlichen Situationen reagieren Hochängstliche dagegen nicht mit einem höheren Angstanstieg als Niedrigängstliche. Glanzmann (1985) nimmt an, daß Hochängstliche nach dem Erleben einer selbstwertbedrohlichen Situation ein höheres Ausmaß an Zustandsangst angeben, was er als *vorsorgliches Exkulpieren* von Leistungsdefiziten interpretiert. Um die schlechten oder vermeintlich schlechten Leistungen dem Experimentator gegenüber zu erklären, wird die tatsächlich erlebte Angst "artikuliert". Im Einklang mit der Hypothese, hohe Angstwerte könnten sich als Folge von sogenannten "plus-getting tendencies" (Sarason, 1960) ergeben, ist es wahrscheinlich, daß Hochängstliche ein erhöhtes Bedürfnis haben, mit dem Experimentator zu kooperieren und ihn nicht zu enttäuschen.

Ein vergleichbares Bewältigungsmuster haben Jones und Berglas (1978) unter der Bezeichnung *Selbstbehinderung* ("self-handicapping") herausgearbeitet. Selbstbehindern besteht im Zurückführen von antizipiertem oder tatsächlichem Versagen in bewertungsrelevanten sozialen Kontexten auf die eigene Angst ("Ich bin furchtbar nervös - Ich vergesse bestimmt, was ich sagen wollte"). Symptome *sozialer Angst* werden sozusagen "verwertet", d.h. strategisch eingesetzt, um von vermeintlichen oder vorhandenen Defiziten im Bereich von Fähigkeit und Kompetenz abzulenken. Man opfert sozusagen ein erwünschtes, aber nicht allzu zentrales Selbstbild - das des Nichtaufgeregten -, um ein wesentlich höher bewertetes - das des Leistungsfähigen - zu schützen. Wird damit die Selbstwertbedrohung reduziert, nimmt auch die Angst ab. Diese Interpretation zeigt also, daß hier die Darstellung der Angst im Verein mit einer defensiven kognitiven Strategie eine emotionale Erleichterung bewirkt.

Unter theoretischem Gesichtspunkt erweist sich diese Strategie als ebenso komplex wie faszinierend: (1) Angst in sozialen Situationen entsteht, weil man an seiner Fähigkeit zweifelt, ein bestimmtes Selbstbild zu vermitteln (Schlenker & Leary, 1982). (2) Die Angstsymptome werden für eine Selbstbildprojektion instrumentalisiert, die von Kompetenzdefiziten ablenkt. (3) Ist die Darstellung erfolgreich, vermindert sich die Selbstwertbedrohung und damit die Angst.

Die Devise "lieber ängstlich als dumm erscheinen" scheint besonders bei der Bewältigung von *Prüfungsangst* bzw. *Leistungsangst* eine Rolle zu spielen. So konnten Smith, Snyder und Handelsman (1982) den strategischen Einsatz von Prüfungsangst in einer Intelligenzuntersuchung bei Hochprüfungsängstlichen experimentell demonstrieren.

Der Einsatz von self-handicapping führt zu Problemen beim Erfassen von Angst, da "Selbstbehinderer" bei der Darstellung ihrer Angstsymptomatik sich des Instruments der Angstskala bedienen. Nach einer schlechten Leistung kann sich der Proband z.B. sagen: "Während der Testdurchführung war ich sehr nervös - es ist daher kein Wunder, daß ich so schlecht abgeschnitten habe". Entsprechend hoch fällt der im Anschluß an die Leistungssituation erhobene Zustandsangstwert aus (vgl. Laux & Glanzmann, 1986).

Die derzeit favorisierten Angst- bzw. Prüfungsangsttheorien haben die Angstabwehrstrategie des "self-handicapping" noch nicht aufgenommen. Angstberichte werden im wesentlichen als authentischer Ausdruck der empfundenen Angst aufgefaßt (vgl. Spielberger, 1985). In Spielbergers Trait-State-Angstmodell ist zwar vorgesehen, daß Zustandsangst den Einsatz defensiver Bewältigungsformen bewirkt, aber die Zustandsangstberichte selbst werden nicht als mögliche Widerspiegelungen defensiver Manöver interpretiert.

Bei häufigem Einsatz kann self-handicapping mit erheblichen Kosten verbunden sein, da die betreffende Person nun im Urteil wichtiger Bezugspersonen als hochängstlich gilt und - schlimmer noch - diese Einschätzung in ihr Selbstkonzept übernimmt (vgl. Kap. 6). Angesichts der potentiellen Kosten beim Einsatz von self-handicapping liegt es nahe, daß man im Fall von Selbstwertbedrohungen zunächst einmal versucht, weniger ruinierende Selbstschutzmechanismen einzusetzen. Hier bietet sich ein reichhaltiges Repertoire von Erklärungen an, die Schlenker und Leary (1982) als *selbstwertdienliche Erklärungen* zusammenfassen (vgl. Abschnitt 5.1.3).

Die Autoren spezifizieren auch die Bedingungen, die zum Einsatz unterschiedlicher Selbstschutzstrategien bei der Bewältigung sozialer Angst führen. Danach hält der Handelnde solange wie möglich an den weniger "kostspieligen" Strategien fest. Der in dieser Weise geordnete Einsatz von Selbstschutzstrategien stimmt im Grundgedanken mit dem Schwellenmodell von Appley (vgl. Cofer & Appley, 1964) überein:

Wenn sich das Individuum auf der "Streßleiter" nach oben bewegt, werden *ego*-defensive Verhaltensweisen intensiviert und treten immer mehr an die Stelle aufgabenbezogener Handlungen (Laux, 1983).

In unserer Untersuchung mit vorgestellten Situationen (vgl. Kap. 3) wurde das strategische Mitteilen der Angst nicht explizit in Form eines Intentions- oder Bewältigungsitems berücksichtigt. Im Nachhinein - und mit aller Vorsicht - könnte man das Ergebnis für das Item "Andeuten von Gefühlen", das in der Rangreihe der Reaktionen auf Angst an zweiter Stelle steht, als strategische Angstdarstellung interpretieren. Die angstspezifische Formulierung lautet: "Ich deute durch mein Verhalten an, daß ich mich bei dieser Art von Zurschaustellung nicht wohl fühle und das nicht gern mache." Durch diese Formulierung wird den ProbandInnen möglicherweise eine Art Erklärung für die antizipierte unbefriedigende Leistung angeboten: "Ich fühle mich nicht wohl dabei - kein Wunder, wenn meine Leistung miserabel sein wird". Außerdem wird hervorgehoben, daß spontanes Theaterspielen nicht gerade zu den favorisierten Beschäftigungen der ProbandInnen gehört.

Abschließend stellt sich die Frage, unter welchen Bedingungen die Angst überhaupt mitgeteilt wird. Welche Faktoren bestimmen die Reversion, also das Umkippen vom eher unproblematischen Angstverbergen zum nicht ungefährlichen strategischen Angstmitteilen? Vermutlich muß die Angst groß sein, ebenso wie die Wahrscheinlichkeit des Versagens. Ferner dürfen alternative Erklärungen nicht zur Verfügung stehen. Strategisches Mitteilen der Angst ist außerdem nur dann "sinnvoll", wenn die Position des Betreffenden auf der Dimension, die durch die Leistung angesprochen wird, noch nicht genau bestimmt ist. Ist dagegen das Leistungsbild des Betreffenden bekannt, hat ein einmaliges Versagen keine große Auswirkungen für die Einschätzung durch das Publikum und braucht daher auch nicht durch strategisches Angstmitteilen "erklärt" zu werden (vgl. Schlenker, 1987).

Man kann sich aber auch vorstellen, daß strategisches Angstmitteilen gar keine generelle Form der Angstbewältigung ist, die für alle Personen als zweite Bewältigungsstufe in Frage kommt. Möglicherweise ist nur eine Untergruppe von "selbstdarstellerisch begabten" Personen in der Lage, in derart brisanten Situationen mit den Symptomen der Angst Interaktionen zu gestalten.

5.2.3 Selbstdarstellung für den externen Adressaten

Verbergen oder Mitteilen von Angst sind "phänotypisch" unterschiedliche Reaktionsweisen, denen aber die gleiche "genotypische"
Absicht zugrundeliegt, nämlich den Selbstwert zu schützen. Um mehr
über die Absichten beim Umgang mit der Angst zu erfahren, wurden
im Rahmen unserer Untersuchung mit vorgestellten Situationen
Extremgruppen von ProbandInnen mit hoher und niedriger Angst verglichen (siehe Kap. 3). Der Angstwert pro Person ergab sich als
Summe der Einschätzungen für die sechs angstbezogenen Begriffe
(Unsicherheit, Nervosität, Verlegenheit, Angst, Besorgnis, Verzagtheit). Damit wurde demnach die situationsspezifische Zustandsangst, nicht die situationsübergreifende Ängstlichkeit erfaßt. Wegen
der üblichen mittelhohen Korrelation zwischen Zustands- und Eigen-
schaftsangst läßt sich aber vermuten, daß es sich bei den TeilnehmerInnen mit hohen Zustandsangstwerten auch um eher Ängstliche handelt. Ausgehend von der Gesamtstichprobe von 102 ProbandInnen
wurden über Quartilaufteilung eine Gruppe mit hoher Angst (n = 24)
und eine mit niedriger Angst (n = 23) gebildet.

Mittelwertsvergleiche ergaben (t-Test, zweiseitig), daß sich
ProbandInnen mit hoher Zustandsangst von solchen mit niedriger Zustandsangst in fünf der insgesamt vierzehn Absichten unterschieden
(vgl. Abb. 5.1). Sieht man von dem Wunsch ab, das Gefühl zu verringern, kreisen diese Absichten alle um den *Selbstwertschutz* oder -
spezifischer formuliert - um das Verbergen von Verletzbarkeiten,
damit man vor anderen gut dasteht. Charakteristisch für das Intentionsmuster von ProbandInnen mit hoher Zustandsangst ist demnach
eine starke Orientierung an anderen Personen. Dagegen ergaben sich
keine signifikanten Differenzen bei Absichten, die sich auf den
internen Adressaten, auf das eigene Selbst, richten ("Ich will vor mir
selbst möglichst gut dastehen." - "Ich will mir selbst beweisen, daß
ich mit einer solchen Situation zurechtkomme.").

Nach diesen Ergebnissen bilden externe Adressaten die zentrale
Instanz, vor der Personen mit hoher Angst gut dastehen möchten, vor
der sie ihre Schwächen und Anfälligkeiten verbergen möchten. An die
Reaktionen der bedeutsamen Interaktionspartner binden sie ihr Selbst-
wertgefühl: Was andere über sie denken, bestimmt ihre Maßstäbe.
Eine unvermittelte Regulation des Selbstwertes, die den externen
Adressaten umgeht, die die Klammer zwischen Selbstwert und Aner-
kennung löst, ist nicht kennzeichnend für ihre Absichtsstruktur.

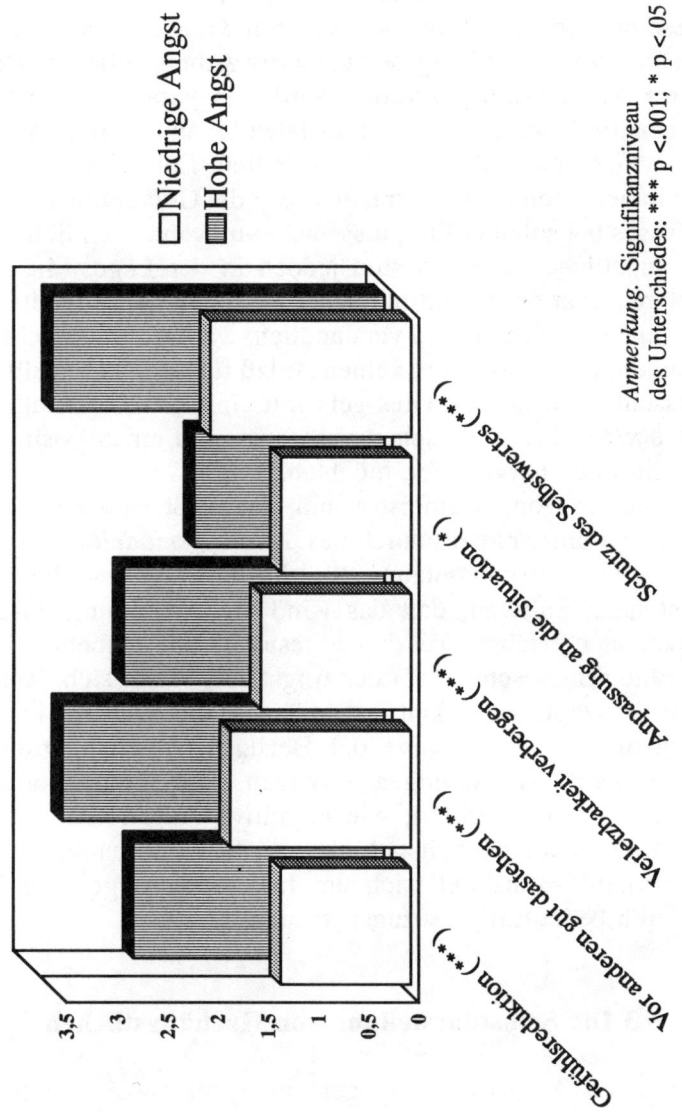

Abb. 5.1 Intentionsunterschiede bei hoher und bei niedriger Zustandsangst

Die starke Außenorientierung, die in diesen Ergebnissen zum Ausdruck kommt, bestätigt die Annahmen einer neuen Angsttheorie, die Baumeister und Tice (1990) entwickelt haben. In ihrer Theorie der *sozialen Exklusion* gehen sie davon aus, daß Angst als Reaktion auf Ereignisse entsteht, durch die der Ausschluß aus einer sozialen Gruppe droht, wenn z.B. der Vorgesetzte unsere Arbeit kritisiert oder wenn an unserer Attraktivität gezweifelt wird. Ein Paradebeispiel ist auch das antizipierte Versagen in einer sozialen Leistungssituation, die wir in unserer Untersuchung mit vorgestellten Episoden zum Thema gemacht haben. Von außen betrachtet mag die Gefahr eines faktischen Ausschlusses bei solchen Ereignissen eher unwahrscheinlich sein. Besonders ängstliche Personen sind jedoch in der Lage, Mißbilligung und weitere Sanktionen einflußreicher Personen ganz "realistisch" zu antizipieren. So gesehen wird verständlich, warum ihre Bewältigungsbemühungen darauf abzielen, keinen Anlaß für den vorgestellten sozialen Ausschluß zu liefern. Dies geht mit einer Selbstdarstellung einher, mit der sie ihre Schwächen verbergen und einen positiv-unauffälligen Eindruck hervorrufen möchten.

Die Theorie von Baumeister und Tice läßt sich entwicklungspsychologisch untermauern durch das *Ätiologiemodell der Angst* von Sullivan (1953). Voraussetzung für die Entwicklung der sozialen Angst ist nach Sullivan, daß das Kind die Ablehnung durch nahe Bezugspersonen erfährt. Das daraus resultierende Unbehagen faßt er als die frühe sensorische Form der Angst auf. Wenn sich dann später das Selbstkonzept entwickelt hat, können die Kinder ihr eigenes Verhalten aus der Perspektive der Bezugspersonen beurteilen und sozusagen intern Ablehnungen erzeugen. Die interpersonale Entstehung der Emotion erklärt, wie kognitive Angstreaktionen - z.B. Selbstzweifel, Inadäquatheitsgefühle und Selbstbeschuldigung - zustandekommen: Es handelt sich um Internalisierungen der Mißbilligung durch bedeutsame Bezugspersonen.

5.3 Die Selbstdarstellung von Hochängstlichen

In der neueren Angstforschung geht man von zwei grundlegenden Angstneigungen aus, die voneinander unabhängig sein sollen: Anfälligkeit gegenüber selbstwertbedrohlichen und Anfälligkeit gegenüber physischen Gefährdungssituationen (zusammenfassend Laux & Glanzmann, 1993). Wie schon bisher geht es im folgenden Text nur um die erste Angstneigung, die häufig auch als soziale Ängstlichkeit oder Bewertungsängstlichkeit bezeichnet wird.

5.3.1 Der selbstprotektive Bewältigungsstil

Im Rahmen seiner Selbstdarstellungstheorie der Angst beschreibt Schlenker (1987) einen *selbstprotektiven* Bewältigungsstil. Er soll charakteristisch sein für Hochängstliche: Wenn sie sich aus der bedrohlichen Situation nicht völlig zurückziehen können, reduzieren sie ihre Teilnahme und präsentieren sich in einer Form, die sie nicht verletzbar macht, mit der sie aber auch keine "sozialen Gewinne" erzielen können. Sie beginnen weniger oft Gespräche und reden insgesamt weniger. Um keine Angriffsflächen zu bieten, tragen sie kaum substantielle Informationen zum Gespräch bei; sie stellen Fragen, nicken und lächeln häufiger zu dem, was andere sagen. Sie erscheinen so wenigstens nett, wenn schon nicht intelligent und ausdrucksvoll. In einer Reihe von Untersuchungen wurde die "innocous sociability" der sozial Ängstlichen bestätigt (z.B. DePaulo, Epstein & LeMay, 1990).

5.3.2 Die Selbstdarstellung defensiv Ängstlicher

Wenn ängstliche Personen in der Regel ihre Schwächen und Verletzbarkeiten verbergen möchten, ergibt sich für mich die Frage, ob Ängstlichkeit - verstanden als eher negatives Selbstmerkmal - mit den gängigen Verfahren überhaupt erfaßt werden kann: Wie reagieren Ängstliche auf Feststellungen in Fragebogen zur Erfassung der Ängstlichkeit, die ja eine Ansammlung von negativen Selbstbeschreibungen darstellen? Beschreiben Sie sich so negativ, wie Sie sich tatsächlich sehen, oder versuchen Sie ihre Schwächen und Verletzbarkeiten zu verbergen?

Grundsätzlich können Fragebogen als Instrumente der Selbstdarstellung aufgefaßt werden (vgl. Mummendey, 1987). Bei jeder Art von Selbstbeurteilung - also auch bei der Beantwortung von Interview- und Fragebogenfragen - wird immer, mehr oder weniger bewußt versucht, Selbstbilder zu vermitteln. Selbstdarstellung ist somit ein Prozeß, der dem Erfassungsvorgang inhärent ist.

Die Ergebnisse der empirischen Angstforschung zeigen, daß offensichtlich Hochängstliche von Niedrigängstlichen mit Hilfe eines üblichen Ängstlichkeitsfragebogens zuverlässig unterschieden werden können (vgl. Laux & Glanzmann, 1993). Anders lassen sich die in vielen Untersuchungen ermittelten theoriekonformen Unterschiede zwischen beiden Gruppen nicht erklären. Dies überzeugt um so mehr, da solche Unterschiede nicht nur bei Selbstbeurteilungsdaten, sondern auch im Bereich von Leistungs- und Verhaltensdaten gefunden wurden. Daraus folgt, daß ängstliche ProbandInnen offenbar Items mit negativen Selbsteinschätzungen zustimmen, zumindest im Fragebogen nicht grundsätzlich dazu neigen, negative Selbstmerkmale zu verbergen.

Ganz im Sinne der einleitenden Frage läßt sich von dieser "normalen" Gruppe von Ängstlichen aber eine spezielle Gruppe abheben, die nun tatsächlich dazu tendiert, negative Selbstcharakteristika zu verbergen. Bei der alleinigen Erfassung mit einem Ängstlichkeitsfragebogen werden sie fälschlicherweise als Niedrigängstliche identifiziert. Im Vergleich zu den "echten" Niedrigängstlichen fallen sie aber durch hohe Werte auf sozialen Erwünschtheits- bzw. Defensivitätsskalen auf (vgl. Krohne, 1993; Wieland-Eckelmann, 1992 sowie zusammenfassend Laux & Glanzmann, 1993). Diese defensiv ängstlichen ProbandInnen sind durch ein besonderes Ausmaß an Selbstschutztendenzen gekennzeichnet, die sich auch bei der Erfassung mit einem Fragebogen auswirken: Sie vermeiden es daher, sich im Angstfragebogen allzu negativ zu beschreiben.

Dem defensiv Ängstlichen entspricht in der experimentellen Psychologie eine Versuchspersonen-Motivation oder Versuchspersonen-Rolle, nämlich die um ihre Bewertung besorgte Versuchsperson (evaluation apprehension nach Rosenberg, 1969). Im Experiment möchten sie dem Versuchsleiter gegenüber als psychisch gesund, normal, nichtängstlich erscheinen. Rosenberg illustriert das typische Verhalten solcher bewertungsängstlichen ProbandInnen mit den folgenden Fragen: "Wie war ich? Waren meine Reaktionen normal? Wollten Sie herausfinden, ob ich neurotisch bin? Habe ich so reagiert wie die meisten Leute?" Das Bedürfnis nach positiver selbstwertschützender Selbstdarstellung ist so ausgeprägt, daß die ermittelten experimentellen Befunde hochgradig artifiziell sind. Im Extremfall wird jede Handlung in der experimentellen Situation an dem Kriterium der positiven Selbstdarstellung ausgerichtet, was Aussagen über die dem Experiment eigentlich zugrundeliegenden Hypothesen, z.B. der Wahrnehmungs-, Lern- oder Motivationsforschung, stark verzerrt oder unmöglich macht. Für die Selbstdarstellungstheorie sind sie von besonderem Interesse, da sich ihr Selbstdarstellungsstil als äußerst konsistent erweist: Ihre Neigung, sich positiv darzustellen, scheint alle Bewertungssituationen zu umfassen und macht konsequenterweise auch vor diagnostischen Situationen nicht halt.

Literatur

Asendorpf, J. (1984). Shyness, embarassment, and self-presentation: A control theory approach. In R. Schwarzer (Hrsg.), *The self in anxiety, stress, and depression* (pp. 109-114). Amsterdam: North-Holland.

Baumeister, R.F. & Tice, D.M. (1990). Anxiety and social exclusion. *Journal of Social and Clinical Psychology, 9,* 165-195.

Bandura, A. (1977). Self-efficacy: Toward a unifying theory of behavioral change. *Psychological Review, 84,* 191-215.

Buss, A.H. (1980). *Self-consciousness and social anxiety.* Oxford: Freeman.

Cofer, C.N. & Appley, M.H. (1964). *Motivation: Theory and research.* New York: Wiley.

DePaulo, B.M., Epstein, J.A. & LeMay, C.S. (1990). Responses of the socially anxious to the prospect of interpersonal evaluation. *Journal of Personality, 58,* 623-640.

Epstein, S. (1979). Entwurf einer integrativen Persönlichkeitstheorie. In S.-H. Filipp (Hrsg.), *Selbstkonzept-Forschung* (S. 15-45). Stuttgart: Klett-Cotta.

Frey, D. (1981). The effect of negative feedback about oneself and cost of information on preference for information about the source of this feedback. *Journal of Experimental Social Psychology, 17,* 42-50.

Fröhlich, W.D. (1983). Perspektiven der Angstforschung. In H. Thomae (Hrsg.), *Enzyklopädie der Psychologie. Motivation und Emotion. Bd. 2* (S. 110-320). Göttingen: Hogrefe.

Glanzmann, P. (1985). Zusammenhänge zwischen Angstneigung und Zustandsangst in unterschiedlichen Streß-Situationen. *Zeitschrift für Differentielle und Diagnostische Psychologie, 6,* 161-173.

Gollwitzer, P.M. & Wicklund, R.A. (1985). Self-symbolizing and the neglect of others' perspectives. *Journal of Personality and Social Psychology, 48,* 702-715.

Jones, E.E. & Berglas, S. (1978). Control of attributions about the self through self-handicapping strategies: The appeal of alcohol and the role of under-achievement. *Personality and Social Psychology Bulletin, 4,* 200-206.

Krohne, H.W. (1993). Repression-Sensitization. In M. Amelang (Hrsg.), *Enzyklopädie der Psychologie. Bereiche/Dimensionen individueller Differenzen.* Göttingen: Hogrefe.

Laux, L. (1983). Psychologische Streßkonzeptionen. In H. Thomae (Hrsg.), *Enzyklopädie der Psychologie. Motivation und Emotion. Bd. 1* (S. 453-535). Göttingen: Hogrefe.

Laux, L. (1986). A self-presentational view of coping with stress. In M.H. Appley & R. Trumbull (Eds.), *Dynamics of stress. Physiological, psychological, and social perspectives* (pp. 233-253). New York: Plenum Press.

Laux, L. & Glanzmann, P. (1986). A self-presentational view of test anxiety. In R. Schwarzer, H. M. van der Ploeg & C. D. Spielberger (Eds.), *Advances in test anxiety research. Vol. 5* (pp. 31-37). Hillsdale, N.J.: Erlbaum.

Laux, L. & Glanzmann, P. (1993). Angst und Ängstlichkeit. In M. Amelang (Hrsg.), *Enzyklopädie der Psychologie. Differentielle Psychologie. Bereiche/Dimensionen individueller Differenzen.* Göttingen: Hogrefe.

Lazarus, R.S. (1991). *Emotion and adaptation.* New York: Oxford University Press.

Leary, M.R. (1983). *Understanding social anxiety. Social, personality, and clinical perspectives.* Beverly Hills: Sage.

Maddux, J.E., Norton, L.W. & Leary, M.R. (1988). Cognitive components of social anyiety: An investigation of the integration of self-presentation theory and self-efficacy theory. *Journal of Social and Clinical Psychology, 6,* 180-190.

Mummendey, H.D. (1987). *Die Fragebogenmethode.* Göttingen: Hogrefe.

Mummendey, H.D. (1990). *Psychologie der Selbstdarstellung.* Göttingen: Hogrefe.

McEwan, K.L. & Devins, G.M. (1983). Is increased arousal in social anxiety noticed by others? *Journal of Abnormal Psychology, 92,* 417-421.

Rosenberg, M.J. (1969). Conditions and consequences of evaluation apprehension. In R. Rosenthal & R.L. Rosnow (Eds.), *Artifact in behavioral research* (pp. 280-349). New York: Academic Press.

Sarason, I.G. (1960). Empirical findings and theoretical problems in the use of anxiety scales. *Psychological Bulletin, 57,* 403-415.

Sarason, I.G. (1975). Anxiety and self-preoccupation. In I.G. Sarason & C.D. Spielberger (Eds.), *Stress and anxiety. Vol. 2* (pp. 27-44). Washington, DC: Hemisphere.

Schlenker, B.R. (1987). Threats to identity. Self-identification and social stress. In C.R. Snyder & C. Fort (Eds.), *Clinical and psychological perspectives on negative life events* (pp. 273-321). New York: Plenum Press.

Schlenker, B.R. & Leary, M.R. (1982). Social anxiety and self-presentation: A conceptualization and model. *Psychological Bulletin, 92,* 641-669.

Schwarzer, R. (1987). *Streß, Angst und Hilflosigkeit.* Stuttgart: Kohlhammer.

Smith, T.W., Snyder, C.R. & Handelsman, M.M. (1982). On the self-serving function of an academic wooden leg: Test anxiety as a self-handicapping strategy. *Journal of Personality and Social Psychology, 42,* 314-321.

Spielberger, C.D. (1985). Anxiety, cognition, and affect: A state-trait perspective. In A.H. Tuma & J.D. Maser (Eds.), *Anxiety and the anxiety disorders* (pp. 171-182). Hillsdale, N.J.: Erlbaum.

Sullivan, H.S. (1953). *Conceptions of modern psychiatry.* New York: Norton.

Wieland-Eckelmann, R. (1992). Strategien der Belastungsbewältigung im Spannungsfeld von Arbeit, Erholung und Persönlichkeit. *Psychomed, 4,* 181-186.

Wine, J.D. (1982). Evaluation anxiety. A cognitive-attentional construct. In H.W. Krohne & L. Laux (Eds.), *Achievement, stress, and anxiety* (pp. 207-219). Washington, DC: Hemisphere.

6. AUSBLICK: PERSÖNLICHKEIT UND SELBSTDARSTELLUNG BEIM BEWÄLTIGEN VON EMOTIONEN[1]

Lothar Laux

6.1 Persönlichkeit und habituelle Selbstdarstellung

Mit Selbstdarstellung lassen sich habituelle Selbstbilder übertragen. Wenn jemand seinen Ärger kontrolliert, will er möglicherweise Besonnenheit und Beherrschtheit vermitteln. Der Ärgerausbruch - als entgegengesetzte Strategie - könnte Durchsetzungsfähigkeit und Dominanzneigung signalisieren (vgl. Kap. 2 und 4). Eine momentane Emotionsdarstellung läßt sich demnach als Indikator für ein überdauerndes Selbstbild der Persönlichkeit interpretieren, das durch einen ganz bestimmten *Inhalt* gekennzeichnet ist. Dieser Grundgedanke ist nicht neu. Er wurde schon in Kap. 2 dargestellt.

Von der Emotionsdarstellung aus läßt sich eine weitere Brücke zu überdauernden Persönlichkeitsmerkmalen schlagen, wenn man fragt, ob Formen der Emotionsdarstellung als zeitlich stabil aufgefaßt werden können. Sind z.B. Ärgerkontrolle und Ärgerausbruch zeitlich überdauernde - und vielleicht sogar transsituativ stabile - Formen der Emotionsdarstellung? Ist dies der Fall, könnte man von einem *Stil* der Selbstdarstellung sprechen. Es würde sich anbieten zu untersuchen, ob habituelle Formen der Emotionskontrolle und des Emotionsausdrucks als Selbstdarstellungsstile interpretiert werden können. Zu denken ist hier besonders an die Einteilung nach "Anger out" (impulsiv-aggressive Reaktionen), "Anger in" (Unterdrücken, Insichhineinfressen von Ärger) und "Anger control" (Kontrolle des Ärgers gegenüber anderen). Diese drei Formen der habituellen Ärgerkontrolle werden mit den STAXI-Skalen von Spielberger (1988) erfaßt (vgl. deutsche Adaptation von Schwenkmezger, Hodapp & Spielberger, 1992). Grundfrage wäre, ob Personen, die den einen oder anderen Stil bevorzugen, damit auch die Vermittlung unterschiedlicher habitueller Selbstbilder intendieren.

---

[1] Für die wertvollen Anregungen bedanke ich mich bei Karl-Heinz Renner.

Die Kontrolle des Emotionsausdrucks gehört auch zum Kern eines Persönlichkeitskonstrukts, das interindividuelle Unterschiede in der Fähigkeit zur Selbstdarstellung beschreibt, dem *Self-monitoring* von Snyder (1987). Self-monitoring wird meist mit Selbstüberwachung übersetzt. Starke Selbstüberwacher achten darauf, wie sie sich in sozialen Situationen ausdrücken und darstellen. Sie finden schnell heraus, welche Form der Selbstdarstellung in den verschiedenen Situationen am besten ankommt. Ihre *Fähigkeit* zur expressiven Kontrolle ist von außerordentlicher Bedeutung für das gezielte Vermitteln von Selbstbildern, denn es besteht die Gefahr, daß Gefühle, die man nicht zeigen möchte, "durchsickern", und die Interaktionspartner daher einen ganz anderen Eindruck formen als der Darsteller vermitteln wollte (Ekman & Friesen, 1974; Lippa, 1976).

Als Antwort auf die Frage, wie Emotionen und Beziehungen integriert werden können, führt Saarni (1990) das umfassende Konstrukt der *emotionalen Kompetenz* ein. Als wesentliche Komponente der emotionalen Kompetenz identifizieren sie die "Fähigkeit zu verstehen, daß das eigene emotional-expressive Verhalten andere beeinflußt, und dies bei seinen Selbstdarstellungsstrategien zu beachten" (Saarni, 1990, S. 161). Sie greift damit meinen Versuch auf, Emotionsbewältigung und Selbstdarstellung zu verbinden (Laux, 1986).

6.2 Persönlichkeitserklärung und Persönlichkeitsveränderung

Die *Beschreibung* von habituellen Persönlichkeitsmerkmalen unter dem Gesichtspunkt von *Inhalt*, *Form* und *Fähigkeit* der Selbstdarstellung ist nur eine Möglichkeit, zentrale Aussagen von Selbstdarstellungsansätzen für die Persönlichkeitspsychologie nutzbar zu machen. Weitere Möglichkeiten betreffen:

(1) die *Persönlichkeitserklärung:* Welche Bedingungen führen zur Entwicklung eines bestimmten Selbstdarstellungsstils?

(2) die *Persönlichkeitsveränderung:* Läßt sich die Persönlichkeit über Selbstdarstellungen modifizieren?

6.2.1 Entwicklung und Verfestigung von Stilen der Selbstdarstellung

Eine zentrale Grundaussage von Selbstdarstellungstheorien betrifft das "self-defining feedback": Die Adressaten reagieren auf die Selbstbilder, die der Darsteller vermittelt, was bei ihm wiederum momentane oder andauernde Veränderungen dieser Selbstbilder bewirken könnte. Formal gesehen handelt es sich dabei um ein Beispiel für eine transaktionale oder dynamisch-interaktive Persönlichkeitsauffassung: Es wird eine wechselseitige Beeinflussung von Selbstdarsteller und externem Adressaten konstatiert. Der dynamische Interaktionismus fordert die Deskription aktuell ablaufender Prozesse zwischen Person und Umwelt und gilt daher als dezidierte Gegenposition zu eigenschaftstheoretischen Ansätzen (vgl. Magnusson & Endler, 1977; Lazarus & Launier, 1978). Ich möchte dagegen die Position vertreten, daß sich Eigenschaftsannahmen und Transaktionskonzepte miteinander vereinbaren lassen: Eigenschaften können als *chronifizierte Transaktionsprozesse* begriffen werden.

Beispiel Ärger: Wie sich ein Selbstdarstellungsstil entwickeln und verfestigen könnte, möchte ich am Beispiel des *Typ C*-Konzepts begründen. Es dient hier lediglich der Veranschaulichung. Eine empiriegestützte Auseinandersetzung mit dem plakativen Typ C-Konzept ist nicht intendiert (siehe dazu Weber, 1993).

Personen des Typs C sollen dazu tendieren, Ärger zu kontrollieren, zu verdrängen oder zu verleugnen, jedenfalls nicht offen auszudrücken. In zwischenmenschlichen Konfliktsituationen zeichnen sie sich durch freundliches, umgängliches und verständnisvolles Verhalten aus. Eigene Bedürfnisse stellen sie dabei zurück. Sie befürchten, die Achtung und Zuneigung der Interaktionspartner zu verlieren, wenn sie nicht als ausgeglichen und harmonisch erscheinen. Die Hauptintention dieses harmoniezentrierten Bewältigungsstils ist es demnach, gemocht zu werden (vgl. zusammenfassend Temoshok, 1987).

Der mangelnde Emotionsausdruck als Dreh- und Angelpunkt dieses Konstrukts gilt in der Literatur zum Thema "Krankheitsanfälligkeit" als Beispiel für einen dysfunktionalen Bewältigungsstil. Warum scheint der Ausdruck von Emotionen nun von essentieller Bedeutung für die Krankheitsanfälligkeit zu sein? Ebenso geläufiger wie umstrittener Erklärungsansatz ist die psychoanalytisch orientierte Abreaktionsthese (vgl. Kap. 4): Unzureichende Abreaktion bewirke langfristig überhöhte Erregung, die wiederum eine Grundlage für die

Ausbildung psychosomatischer Symptome sei. Florin (1985), die die empirische Evidenz der Abreaktionsthese anzweifelt, schlägt eine andere Erklärungsmöglichkeit vor: Der emotionale Ausdruck und die Beschreibung der Befindlichkeit dienen den engsten Bezugspersonen als Signal dafür, welche Situationen den Betroffenen stören, belasten oder erfreuen. Damit bieten solche Äußerungen die entscheidende Voraussetzung dafür, daß die Umwelt dem Einzelnen helfen kann. Emotionale Aufgeschlossenheit ist daher die Vorbedingung für ein soziales Unterstützungssystem. In diesem Sinne - so Florin - sei mangelnde emotionale Äußerungsbereitschaft als Mangel an präventivem Bewältigungsverhalten zu betrachten.

Die Frage ist nun: wie könnte aus dem aktuellen Bewältigungsverhalten ein habitueller Bewältigungsstil mit der Qualität einer überdauernden Eigenschaft entstehen? Wie kommt es, daß das Bild einer harmonischen ausgeglichenen Persönlichkeit, das Partner A gegenüber Partner B entwirft, dauerhaft von A internalisiert wird? Die wahren Verhältnisse sicherlich stark vereinfachend läßt sich annehmen, daß Partner B (und andere Familienmitglieder) die Selbstdarstellung von A - die ja freundlich-altruistische Züge trägt und von daher willkommen ist - akzeptieren und verstärken, was ihr erneutes Auftreten begünstigt. Stellt man sich vor, daß solche Interaktionen über viele Situationen und Jahre hinweg ablaufen, wird plausibel, daß die aktuelle Selbstdarstellung schließlich zu einer habituellen gerinnen kann. Dieser habituelle Selbstdarstellungsstil läßt sich als zeitlich stabile und möglicherweise auch überdauernde Eigenschaft interpretieren. Allgemeiner Leitgedanke ist also, daß Personen in sozialen Situationen ihrem Interaktionspartner gegenüber Selbstbilder interpretieren, die diese aufgreifen und zurückspiegeln.

Beispiel Angst: Die *Selbstbehinderung* läßt sich ebenfalls als ein Paradebeispiel für die publikumsvermittelte Chronifizierung einer Angstabwehrstrategie auffassen (vgl. Kap. 5 sowie Schlenker & Leary, 1982). Kerngedanke ist, daß jemand eine vergleichsweise geringe "Behinderung" - z.B. Angst - eingesteht, um damit zentrale Selbstbilder, die seine Kompetenz und Intelligenz betreffen, zu schützen. Angst wird sozusagen verwertet, um von einem Kompetenzdefizit abzulenken. Besonders bei habituellem Einsatz ist Self-handicapping mit Kosten für das Selbstkonzept der betreffenden Person verbunden, da sich bei ihren Interaktionspartnern im Laufe der Zeit der Eindruck bildet, sie sei ängstlich, und da sie möglicherweise selbst diese Einschätzung im Laufe der Zeit übernimmt. Pointiert formuliert: Die Selbstdarstellung beginnt mit dem bewußten Versuch, das Publikum zu täuschen - am Ende hat man sich jedoch selbst getäuscht. Was als harmloser Kaschierungsversuch begann, endet mit einer massiven Selbstkonzeptänderung in Richtung Ängstlichkeit. Das "self-defining feedback" wichtiger Personen bewirkt die Chronifizierung dieser Bewältigungsform. Habituelle Selbsttäuschungen, wie sie sich z.B. in sogenannten "Lebenslügen" manifestieren, wären als Ergebnis eines solchen wechselseitigen Beeinflussungsprozesses anzusehen.

6.2.2 Selbstextension und Self-Modeling[2]

Die am Beispiel der Angst beschriebenen defensiven Formen der Selbstdarstellung lenken von Defiziten im Bereich zentraler Aspekte des Selbstkonzeptes ab. Es handelt sich demnach um die Vermittlung nichtauthentischer persönlicher Informationen in der Absicht des Selbstschutzes. Die zunächst temporäre Darstellung eines Symptoms aus strategischen Gründen kann jedoch - wie am Beispiel der Selbstbehinderung verdeutlicht wurde - eine authentische Selbstkonzeptveränderung bewirken.

Zur langfristigen Wirkung defensiver Selbstschutzstrategien gibt es ein positives Gegenstück (vgl. Laux, 1986): Gemeint ist die absichtliche Vermittlung eines Selbstbildes der Kompetenz und Sicherheit, die dem Zustand und dem Selbstkonzept des Darstellers überhaupt nicht entspricht. Eine sozial ängstliche Person kann z.B. versuchen, die empfundene Angst und Unsicherheit in einer Auftrittssituation nicht für andere sichtbar werden zu lassen, indem sie den Emotionsausdruck stark kontrolliert und so tut, als ob sie selbstsicher wäre. Wenn diese Form der nichtauthentischen Darstellung einigermaßen gelingt und häufig angewandt wird, sind Erweiterungen des Selbstkonzepts in Richtung auf größere Selbstsicherheit und Kompetenz sehr wahrscheinlich. Laux (1986) hat daher vorgeschlagen, von einer Bewältigungsstrategie der Extension des Selbstkonzeptes oder kürzer der *Selbstextension* zu sprechen. Daß Personen die Rollen "werden" können, die sie spielen, ist Grundgedanke der "Fixed Role

---

[2] In der Forschungsliteratur findet man beide Schreibweisen: die amerikanische "self-modeling" und die englische "self-modelling".

Therapy" von Kelly (1955). Dabei wird der Klient als erstes gebeten, eine kurze Charakterskizze über sich anfertigen, die Auskunft über sein Selbstbild gibt. Nach der gründlichen Analyse der Selbstcharakterisierung wird eine Persönlichkeitsskizze, ein "Rollensketch", ausgearbeitet.

Nach sorgfältiger Vorbereitung wird dann der Klient gebeten, für ein paar Wochen so zu handeln, zu fühlen und zu denken, als ob er die im Rollensketch portraitierte Person wäre. Dieses experimentelle Verfahren zur Aktivierung von Persönlichkeitsveränderungen ermutigt den Klienten, im Schutzraum der Rolle neue Verhaltensweisen zu erproben, die seinem bisherigen Selbstkonzept nicht entsprechen. Er wird sozusagen aufgefordert, die imaginäre Person zu überprüfen und damit die starke Selbstfixierung aufzugeben:

> Vor allem hat die Person vielleicht angefangen für möglich zu halten, daß eine Person sich selbst erfindet und daß sie nicht notwendigerweise für immer Gefangene ihrer Autobiographie und ihrer zur Gewohnheit gewordenen Gedanken und Verhaltensweisen ist (siehe Bannister & Fransella, 1981, S. 135).

Bei idealtypischem Ablauf unterstützen die Reaktionen der Interaktionspartner auf die neue Selbstdarstellung die Veränderung des persönlichen Konstruktsystems und die Neudefinition von Beziehungsmustern. Schließlich vergessen die Klienten während des fortgesetzten Rollenspiels häufig, daß sie eine Rolle spielen. Das weist darauf hin, daß ein Prozeß in Gang gekommen ist, in dem sich die neuen Selbstbilder der Rollenpersönlichkeit allmählich mit den bisherigen Selbstbildern verbinden bzw. an deren Stelle treten.

Rollenspiele werden auch jenseits therapeutischer Interventionen spontan von Personen zur Bewältigung sozialer Streß-Situationen eingesetzt, denen der "als ob"-Charakter ihres Verhaltens häufig durchaus bewußt ist (Thoits, 1986).

Beim sogenannten *Self-Modeling*, einem neueren videogestützten Trainings- und Therapieverfahren, werden dem Klienten Aufnahmen der eigenen Person als Modell für erwünschtes Verhalten präsentiert. An die Stelle des Fremdmodells tritt demnach die eigene Person als Selbstmodell (zusammenfassend Dowrick, 1983; Mittenecker, 1987).

Eine von mir vorgeschlagene Variante des Self-Modeling-Verfahrens wurde bisher für den Bereich der Bewältigung von sozialer Angst, speziell von Redeangst bei Frauen erprobt (vgl. Heininger, 1992; Renner, 1993):

(1) Zunächst wird der redeängstlichen Teilnehmerin ein Film vor geführt, der die Phasen der Annäherung an einen Vortrag vor großem Publikum beschreibt. Am Ende des sehr suggestiv wirkenden Films soll sie selbst eine Rede halten.

(2) Dann sieht sie sich die Aufzeichnung ihrer Rede an und macht Angaben zu ihrem Real- und Idealselbst für Redesituationen.

(3) Nun geht es darum, Trainingssituationen zu schaffen, in denen die Teilnehmerinnen, wenn auch nur für Sekunden, ein Verhalten zeigen, das den erwünschten Selbstbildern entspricht. Dies ist die schwierigste, aber auch die faszinierendste Phase des gesamten Versuchs. Unterschiedliche Möglichkeiten kommen in Frage: Es lassen sich z.B. Aufnahmen des Klienten in entspannten Situationen machen, in denen die Teilnehmerin über ein Thema spricht, bei dem sie sich sehr sicher fühlt und sehr engagiert erzählt. Oder sie wird gebeten, beim Referieren bestimmte Eigenschaften auszudrücken z.B. Ausgelassenheit, Überheblichkeit. Eine komplexe Übung heißt das "unordentliche Manuskript": Die Teilnehmerin soll aus einem Manuskript vorlesen, das z.T. unleserlich geschrieben und falsch zusammengeheftet ist, in dem außerdem Passagen fehlen (vgl. Renner, 1993). Diese Übungen dienen als Anregung, mit den eigenen Möglichkeiten zu spielen, sich von den unsicher-ängstlichen Verhaltensweisen zu lösen und die erwünschten kennenzulernen.

(4) Dann wählt die Teilnehmerin diejenigen Filmsequenzen aus, die ihren erwünschten Selbstbildern am ehesten entsprechen. Diese Sequenzen werden zu einem personspezifischen Self-Modeling-Film zusammengestellt. Elemente, die auf Ängstlichkeit und Unsicherheit hinweisen, werden herausgeschnitten.

(5) Die Teilnehmerin wird dann instruiert, sich den Self-Modeling-Film an mehreren Tagen anzusehen und den Inhalt nach bestimmten Regeln zu visualisieren.

(6) Nach dem Trainingsdurchgang referiert sie wieder vor simuliertem, später dann vor echtem Publikum.

In der Literatur werden viele Gründe für die Wirksamkeit von Self-Modeling diskutiert (vgl. Hosford, 1980). Die Selbstwertmaximierung, die aus dem Anschauen des Self-Modeling-Films resultiert, gehört zu den überzeugendsten: Es scheint ungemein befriedigend zu sein, wenn sich angestrebte Selbstbilder schon im Verhalten sichtbar niederschlagen. So resümiert eine unserer Teilnehmerinnen (Heininger, 1992):

> Je öfter man sich im Self-modelling-Film, in dem man sich sehr gefällt, sieht, desto mehr vergißt man den Drehprozeß und seine Schwierigkeiten auf dem Weg zur Erlangung einer optimalen Darstellung. Man kann sich auch nicht mehr so genau an seine ursprüngliche Darstellung, mit ihren Schwächen und der dazugehörenden Befindlichkeit erinnern. Man ist einfach in sein Abbild im Film "verliebt". Es ist als ob man gar nicht anders als im Film sein könnte, als wäre man schon immer so gewesen, wie es der Film zeigt (S. 185).

Bei der Herstellung erwünschter Verhaltensweisen droht jedoch immer der Verlust der Identifikationsmöglichkeit. Wird die positive Darstellung überzogen, schreibt man die neuen Verhaltens- und Ausdrucksweisen nicht mehr sich selbst zu. So gesehen bedeutet die Erstellung eines Self-Modeling-Films eine Gratwanderung zwischen dem Darstellen erwünschter und übertriebener Verhaltensweisen.

Für die Elaboration der Selbstdarstellungstheorie erweist sich Self-Modeling als ein anregendes Paradigma. Offenbar erfolgen Selbstbildveränderungen bei diesem Verfahren nicht über den Umweg eines tatsächlich vorhandenen Publikums, dessen Reaktionen der Darsteller wahrnimmt und internalisiert. Primärer Mediator ist vielmehr die Selbstbeobachtung und Interpretation des eigenen Verhaltens: Die Teilnehmerin sieht sich in lockerer und spielerischer Weise handeln und kann sich entsprechende Selbstbilder zuschreiben. Dies entspricht der Selbstwahrnehmungstheorie von Bem (1972), nach der Menschen aus der Beobachtung ihres eigenen Verhaltens innere Vorgänge ableiten. Hier handelt es sich demnach primär um einen personalen, d.h. nicht publikumsvermittelten Weg der Selbstbild- und Persönlichkeitsveränderung (Arkin & Baumgardner, 1986).

Self-Modeling und fixierter Rollentherapie ist gemeinsam, daß eine Persönlichkeitsveränderung über ein Verhalten angestrebt wird, das die idealen Selbstbilder schon im Hier und Jetzt realisiert. Während bei der fixierten Rollentherapie jedoch eine fiktive Rollenpersönlichkeit gespielt wird, die ausdrücklich nicht mit dem Darsteller oder der Darstellerin identisch sein soll, geht es beim Self-Modeling-

Verfahren um die Orientierung an eigenen Idealbildern. Während bei der fixierten Rollentherapie der Umweg über die zunächst fremde Rolle gewählt wird, mit der die alten Konstrukte verschmelzen sollen, setzt das Self-Modeling-Verfahren auf die Faszination der antizipierten eigenen Idealpersönlichkeit.

Literatur

Arkin, R.M. & Baumgardner, A.H. (1986). Self-presentation and self-evaluation: Process of self-control and social control. In R.F. Baumeister, *Public and private self* (pp. 75-98). New York: Springer.

Bannister, D. & Fransella, F. (1981). *Der Mensch als Forscher (Inquiring Man)*. Münster: Aschendorff.

Bem, D.J. (1972). Self-perception theory. In L. Berkowitz (Ed.), *Advances in experimental social psychology. Vol. 6* (pp. 1-62). New York: Academic Press.

Dowrick, P.W. (1983). Self-modelling. In P.W. Dowrick & S.J. Biggs (Eds.), *Using video* (pp. 105-124). New York: Wiley.

Ekman, P. & Friesen, W.V. (1974). Detecting deception from the body or face. *Journal of Personality and Social Psychology, 29,* 288-298.

Florin, I. (1985). Bewältigungsverhalten und Krankheit. In H.D. Basler & I. Florin (Hrsg.), *Klinische Psychologie und körperliche Krankheit* (S. 126-145). Stuttgart: Kohlhammer.

Heininger, S. (1992). *Self-modelling: Entwicklung eines Selbstdarstellungstrainings für Redesituationen.* Unveröffentlichte Diplomarbeit. Lehrstuhl Psychologie IV, Universität Bamberg.

Hosford, R. (1980). Self-as-a-model: A cognitive social learning technique. *The Counseling Psychologist, 9,* 45-61.

Kelly, G. (1955). *The psychology of personal constructs. Vol. 1.* New York: Norton.

Laux, L. (1986). A self-presentational view of coping with stress. In M.H. Appley & R. Trumbull (Eds.), *Dynamics of stress* (pp. 233-253). New York: Plenum Press.

Lazarus, R.S. & Launier, R. (1978). Stress-related transactions between person and environment. In L.A. Pervin & M. Lewis (Eds.), *Perspectives in interactional psychology* (pp. 287-327). New York: Plenum Press.

Lippa, R. (1976). Expresssive control and the leakage of dispositional introversion-extraversion during role-playing teaching. *Journal of Personality, 44,* 541-559.

Magnusson, D. & Endler, N.S. (1977). Interactional psychology: Present status and future prospects. In D. Magnusson & N.S. Endler (Eds.), *Personality at the crossroads: Current issues in interactional psychology* (pp. 329-390). New York: Plenum Press.

Mittenecker, E. (1987). *Video in der Psychologie. Methoden und Anwendungsbeispiele in Forschung und Praxis.* Bern: Huber.

Renner, K.-H. (1993). *Self-Modeling bei Redeangst.* Unveröffentlichte Diplomarbeit. Lehrstuhl Psychologie IV. Universität Bamberg.

Saarni, C. (1990). Emotional competence: How emotions and relationships become integrates. In R. Dienstbier & R.A. Thompson (Eds.), *Nebraska Symposium on Motivation 1988* (pp. 115-182). Lincoln: University of Nebraska Press.

Schlenker, B.R. & Leary, M.R. (1982). Social anxiety and self-presentation: A conceptualization and model. *Psychological Bulletin, 92,* 641-669.

Schwenkmezger, P., Hodapp, V. & Spielberger, C.D. (1992). *Das State-Trait-Ärgerausdrucks-Inventar (STAXI).* Bern: Huber.

Snyder, M. (1987). *Public appearances/private realities. The psychology of self-monitoring.* New York: Freeman and Company.

Spielberger, C.D. (1988). *State-Trait-Anger-Expression-Inventory (STAXI). Research edition.* Odessa, FL: Psychological Assessment Resources.

Temoshok, L. (1987). Personality, coping style, emotion and cancer: Towards an integrative model. *Cancer Surveys, 6,* 545-567.

Thoits, P.A. (1986). Social support as coping assistance. *Journal of Consulting and Clinical Psychology, 54,* 416-423.

Weber, H. (1993). *Ärger. Psychologie einer alltäglichen Emotion. Weinheim/München: Juventa.*

STICHWORTVERZEICHNIS

AUTORENVERZEICHNIS

Klinische Psychologie

Band 1: Grundlagen und Aufgaben Klinischer Psychologie – Definition, Klassifikation und Entstehung psychischer Störungen
Von Reiner Bastine
2., überarbeitete Auflage 1990
313 Seiten. Kart. DM 49,80
ISBN 3-17-010712-7
Kohlhammer Standards Psychologie

Band 2: Klinische Psychodiagnostik, Prävention, Gesundheitspsychologie, Psychotherapie, Psychosoziale Intervention
Herausgegeben von Reiner Bastine
1992. 524 Seiten. Kart. DM 59,80
ISBN 3-17-008298-1
Kohlhammer Standards Psychologie

Inhalt:

Band 1

1. Überblick und Gegenstandsbestimmung
2. Modelle und Ansätze
3. Definitionen psychischer Störungen
4. Klassifikation psychischer Störungen
5. Zur Entstehung von psychischen Störungen

Band 2

6. Klinische Psychodiagnostik (Reiner Bastine)
7. Klinisch-psychologische Intervention: Allgemeine Gesichtspunkte und Interventionsforschung (Reiner Bastine)
8. Prävention psychischer Störungen (Bernd Röhrle)
9. Gesundheitspsychologie (Gabriele E. Dlugosch und Lothar R. Schmidt)
10. Psychotherapie (Reiner Bastine)
11. Richtungen und Ansätze der Psychotherapie (Dirk Revenstorf)
12. Psychosoziale Intervention und Anwendungsfelder der Klinischen Psychologie (Peter Fiedler)

 Verlag   Postfach 80 04 30
W. Kohlhammer   7000 Stuttgart 80

151-493 099 MFG1

Familienpsychologie

Vom Klaus A. Schneewind
1991. 390 Seiten mit 39 Abbildungen und 30 Tabellen
Kart. DM 49,80
ISBN 3-17-011486-7

Mit diesem Buch liegt für den deutschsprachigen Raum eine aktuelle und umfassende Darstellung dieser psychologischen Disziplin vor.

Familien werden dabei als »intime Beziehungssysteme« betrachtet, innerhalb derer sich wesentlich die Entwicklung des einzelnen vollzieht. Neben den Aufgaben und theoretischen Grundlagen der Familienpsychologie werden zentrale Befunde der familiären Sozialisationsforschung dargestellt. Darüber hinaus beschäftigt sich der Band eingehend mit den Methoden und Anwendungsformen der Familiendiagnostik sowie mit den neueren Ansätzen der Familienberatung und -therapie.

Abgerundet wird das Buch mit einem Kapitel zur Ausbildung im Bereich Familienpsychologie.

 Verlag Postfach 80 04 30
W. Kohlhammer 7000 Stuttgart 80

344-892 271 MFG